Sonia Bailini • Silvia Consonno

i verbi italiani

grammatica ~ esercizi ~ giochi

Progetto grafico e impaginazione: **Andrea Caponecchia**

Disegno copertina: **Thelma Álvarez-Lobos**

Illustrazioni: **Mordechai**

Direzione editoriale: **Ciro Massimo Naddeo**

Con la collaborazione di: **Carlo Guastalla**

Printed in Italy

ISBN 978-88-8644-087-5

Le pag.4-83 (capitoli 0-12) sono a cura di Silvia Consonno;
le pag. 84-162 (capitoli 13-21) sono a cura di Sonia Bailini.

ALMA Edizioni
viale dei Cadorna, 44
50129 Firenze
tel +39 055476644
fax +39 055473531
alma@almaedizioni.it
www.almaedizioni.it

Indice

Il verbo

- *Il verbo ha la funzione di dare informazioni sul soggetto: spiega cosa fa o com'è.*

Carlo **mangia** gli spaghetti. *(cosa fa Carlo)*
Francesca **è** alta e magra. *(com'è Francesca).*

I verbi italiani si dividono in tre gruppi, chiamati ***CONIUGAZIONI:***

- *fanno parte della* ***PRIMA CONIUGAZIONE*** *tutti i verbi che hanno l'****infinito*** *che termina in* ***-are;***

mangi**are**, cant**are**, gioc**are**…

- *fanno parte della* ***SECONDA CONIUGAZIONE*** *tutti i verbi che hanno l'infinito che termina in* ***-ere;***

legg**ere**, prend**ere**, corr**ere**…

- *fanno parte della* ***TERZA CONIUGAZIONE*** *tutti i verbi che hanno l'infinito che termina in* ***-ire.***

apr**ire**, prefer**ire**, part**ire**…

- *Ci sono anche dei verbi che hanno l'****infinito*** *che termina in* ***-rre.*** *Sono considerati come verbi della* ***seconda*** *coniugazione.*

estra**rre**, propo**rre**, tradu**rre**…

- *Il verbo cambia a seconda di:* ***forma, modo, tempo, persona.***

La forma

La forma può essere attiva, passiva o riflessiva.

- ***FORMA ATTIVA:*** *quando il soggetto compie l'azione.*

Marco ha **pagato** il conto.

- ***FORMA PASSIVA:*** *quando il soggetto subisce l'azione.*

Il conto **è stato pagato** da Marco.

- ***FORMA RIFLESSIVA:*** *quando soggetto e oggetto coincidono.*

Luisa **si veste**.

Il modo

Il modo può essere finito o indefinito.

- ***MODI FINITI:***
si riferiscono a un soggetto definito. I modi finiti sono: ***indicativo, congiuntivo, condizionale, imperativo.***

Marco **paga** il conto. *(indicativo)*
Penso che il bambino **abbia** fame. *(congiuntivo)*
Vorrei un bicchiere d'acqua. *(condizionale)*
Ugo, **ascolta** bene e **prendi** nota! *(imperativo)*

- ***MODI INDEFINITI:***
non definiscono il soggetto a cui si riferiscono. I modi indefiniti sono: ***infinito, gerundio, participio.***

Viaggiare è interessante e divertente. *(infinito)*
Studiando s'impara. *(gerundio)*
Visto il brutto tempo, abbiamo preferito stare a casa. *(participio)*

Il tempo

Il tempo indica il momento in cui si realizza l'azione. I tempi si dividono in semplici e composti.

- ***TEMPI SEMPLICI:*** *sono formati da un solo verbo coniugato al modo e tempo richiesti. Sono:* ***indicativo presente, imperfetto, futuro semplice, passato remoto; congiuntivo presente e imperfetto; condizionale semplice; forme semplici di infinito, gerundio e participio.***

Marta **lava** l'insalata. *(indicativo presente)*

Pietro **studiava** il francese. *(indicativo imperfetto)*

- ***TEMPI COMPOSTI:*** *sono formati dal verbo ausiliare (essere o avere) e dal participio passato del verbo. Sono:* ***indicativo passato prossimo, trapassato prossimo, futuro anteriore, trapassato remoto; condizionale composto; congiuntivo passato e trapassato; le forme composte di infinito, gerundio e participio.***

Ieri **ho comprato** la macchina.
(indicativo passato prossimo)

Luisa **è andata** al mare.
(indicativo passato prossimo)

Avrei preferito un gelato. *(condizionale composto)*

Ogni modo ha diversi tempi:

- *Indicativo:* **presente, passato prossimo, imperfetto, trapassato prossimo, futuro semplice, futuro anteriore, passato remoto, trapassato remoto.**
- *Congiuntivo:* **presente, passato, imperfetto, trapassato.**
- *Condizionale:* **semplice, composto.**
- *Imperativo:* **presente.**
- *Infinito:* **semplice, composto.**
- *Gerundio:* **semplice, composto.**
- *Participio:* **presente, passato.**

La persona

- *Le persone sono sei: tre singolari (**io, tu, lui/lei**) e tre plurali (**noi, voi, loro**).*

Ivo parla con Giorgio. *(3ª persona singolare = lui)*

Noi andiamo al mare. *(1ª persona plurale = noi)*

- *Nei modi finiti ogni persona ha una desinenza differente, che serve per indicare il soggetto.*

Io part**o**, **tu** part**i**, **lui/lei** part**e**, **noi** part**iamo**, …

- *In italiano non sempre è necessario specificare il pronome personale soggetto.*

Domani part**o**. *(1ª persona singolare = il soggetto è "io")*
Prend**i** il treno? *(2ª persona singolare = il soggetto è "tu")*

- *Quando si parla in modo formale si usa la 3ª persona singolare femminile "Lei".*

Prend**i** la pasta? *(tu - informale)*
Prend**e** la pasta? *(Lei - formale)*

0 Il verbo

-are

MODI FINITI

INDICATIVO

presente	*passato prossimo*	*imperfetto*	*trapassato prossimo*
io parl**o**	io **ho** parl**ato**	io parl**avo**	io **avevo** parl**ato**
tu parl**i**	tu **hai** parl**ato**	tu parl**avi**	tu **avevi** parl**ato**
lui / lei / Lei parl**a**	lui / lei / Lei **ha** parl**ato**	lui / lei / Lei parl**ava**	lui / lei / Lei **aveva** parl**ato**
noi parl**iamo**	noi **abbiamo** parl**ato**	noi parl**avamo**	noi **avevamo** parl**ato**
voi parl**ate**	voi **avete** parl**ato**	voi parl**avate**	voi **avevate** parl**ato**
loro parl**ano**	loro **hanno** parl**ato**	loro parl**avano**	loro **avevano** parl**ato**

futuro semplice	*futuro anteriore*	*passato remoto*	*trapassato remoto*
io parl**erò**	io **avrò** parl**ato**	io parl**ai**	io **ebbi** parl**ato**
tu parl**erai**	tu **avrai** parl**ato**	tu parl**asti**	tu **avesti** parl**ato**
lui / lei / Lei parl**erà**	lui / lei / Lei **avrà** parl**ato**	lui / lei / Lei parl**ò**	lui / lei / Lei **ebbe** parl**ato**
noi parl**eremo**	noi **avremo** parl**ato**	noi parl**ammo**	noi **avemmo** parl**ato**
voi parl**erete**	voi **avrete** parl**ato**	voi parl**aste**	voi **aveste** parl**ato**
loro parl**eranno**	loro **avranno** parl**ato**	loro parl**arono**	loro **ebbero** parl**ato**

CONGIUNTIVO

presente	*passato*	*imperfetto*	*trapassato*
io parl**i**	io **abbia** parl**ato**	io parl**assi**	io **avessi** parl**ato**
tu parl**i**	tu **abbia** parl**ato**	tu parl**assi**	tu **avessi** parl**ato**
lui / lei / Lei parl**i**	lui / lei / Lei **abbia** parl**ato**	lui / lei / Lei parl**asse**	lui / lei / Lei **avesse** parl**ato**
noi parl**iamo**	noi **abbiamo** parl**ato**	noi parl**assimo**	noi **avessimo** parl**ato**
voi parl**iate**	voi **abbiate** parl**ato**	voi parl**aste**	voi **aveste** parl**ato**
loro parl**ino**	loro **abbiano** parl**ato**	loro parl**assero**	loro **avessero** parl**ato**

CONDIZIONALE / IMPERATIVO

CONDIZIONALE *semplice*	CONDIZIONALE *composto*	IMPERATIVO
io parl**erei**	io **avrei** parl**ato**	-
tu parl**eresti**	tu **avresti** parl**ato**	tu parl**a**!
lui / lei / Lei parl**erebbe**	lui / lei / Lei **avrebbe** parl**ato**	Lei parl**i**!
noi parl**eremmo**	noi **avremmo** parl**ato**	noi parl**iamo**!
voi parl**ereste**	voi **avreste** parl**ato**	voi parl**ate**!
loro parl**erebbero**	loro **avrebbero** parl**ato**	Loro parl**ino**!

MODI INDEFINITI

INFINITO		GERUNDIO		PARTICIPIO	
semplice	parl**are**	***semplice***	parl**ando**	***presente***	parl**ante**
composto	**avere** parl**ato**	***composto***	**avendo** parl**ato**	***passato***	parl**ato**

-ere

MODI FINITI

INDICATIVO

presente	*passato prossimo*	*imperfetto*	*trapassato prossimo*
io ricev**o**	io **ho** ricev**uto**	io ricev**evo**	io **avevo** ricev**uto**
tu ricev**i**	tu **hai** ricev**uto**	tu ricev**evi**	tu **avevi** ricev**uto**
lui / lei / Lei ricev**e**	lui / lei / Lei **ha** ricev**uto**	lui / lei / Lei ricev**eva**	lui / lei / Lei **aveva** ricev**uto**
noi ricev**iamo**	noi **abbiamo** ricev**uto**	noi ricev**evamo**	noi **avevamo** ricev**uto**
voi ricev**ete**	voi **avete** ricev**uto**	voi ricev**evate**	voi **avevate** ricev**uto**
loro ricev**ono**	loro **hanno** ricev**uto**	loro ricev**evano**	loro **avevano** ricev**uto**

futuro semplice	*futuro anteriore*	*passato remoto*	*trapassato remoto*
io ricev**erò**	io **avrò** ricev**uto**	io ricev**ei**/ricev**etti**	io **ebbi** ricev**uto**
tu ricev**erai**	tu **avrai** ricev**uto**	tu ricev**esti**	tu **avesti** ricev**uto**
lui / lei / Lei ricev**erà**	lui / lei / Lei **avrà** ricev**uto**	lui / lei / Lei ricev**é**/ricev**ette**	lui / lei / Lei **ebbe** ricev**uto**
noi ricev**eremo**	noi **avremo** ricev**uto**	noi ricev**emmo**	noi **avemmo** ricev**uto**
voi ricev**erete**	voi **avrete** ricev**uto**	voi ricev**este**	voi **aveste** ricev**uto**
loro ricev**eranno**	loro **avranno** ricev**uto**	loro ricev**erono**/ricev**ettero**	loro **ebbero** ricev**uto**

CONGIUNTIVO

presente	*passato*	*imperfetto*	*trapassato*
io ricev**a**	io **abbia** ricev**uto**	io ricev**essi**	io **avessi** ricev**uto**
tu ricev**a**	tu **abbia** ricev**uto**	tu ricev**essi**	tu **avessi** ricev**uto**
lui / lei / Lei ricev**a**	lui / lei / Lei **abbia** ricev**uto**	lui / lei / Lei ricev**esse**	lui / lei / Lei **avesse** ricev**uto**
noi ricev**iamo**	noi **abbiamo** ricev**uto**	noi ricev**essimo**	noi **avessimo** ricev**uto**
voi ricev**iate**	voi **abbiate** ricev**uto**	voi ricev**este**	voi **aveste** ricev**uto**
loro ricev**ano**	loro **abbiano** ricev**uto**	loro ricev**essero**	loro **avessero** ricev**uto**

CONDIZIONALE / IMPERATIVO

semplice	*composto*	IMPERATIVO
io ricev**erei**	io **avrei** ricev**uto**	-
tu ricev**eresti**	tu **avresti** ricev**uto**	tu ricev**i**!
lui / lei / Lei ricev**erebbe**	lui / lei / Lei **avrebbe** ricev**uto**	Lei ricev**a**!
noi ricev**eremmo**	noi **avremmo** ricev**uto**	noi ricev**iamo**!
voi ricev**ereste**	voi **avreste** ricev**uto**	voi ricev**ete**!
loro ricev**erebbero**	loro **avrebbero** ricev**uto**	Loro ricev**ano**!

MODI INDEFINITI

INFINITO		GERUNDIO		PARTICIPIO	
semplice	ricev**ere**	*semplice*	ricev**endo**	*presente*	ricev**ente**
composto	**avere** ricev**uto**	*composto*	**avendo** ricev**uto**	*passato*	ricev**uto**

-ire

MODI FINITI

INDICATIVO

	presente	*passato prossimo*	*imperfetto*	*trapassato prossimo*
io	part**o**	**sono** part**ito/a**	part**ivo**	**ero** part**ito/a**
tu	part**i**	**sei** part**ito/a**	part**ivi**	**eri** part**ito/a**
lui / lei / Lei	part**e**	**è** part**ito/a**	part**iva**	**era** part**ito/a**
noi	part**iamo**	**siamo** part**iti/e**	part**ivamo**	**eravamo** part**iti/e**
voi	part**ite**	**siete** part**iti/e**	part**ivate**	**eravate** part**iti/e**
loro	part**ono**	**sono** part**iti/e**	part**ivano**	**erano** part**iti/e**

	futuro semplice	*futuro anteriore*	*passato remoto*	*trapassato remoto*
io	part**irò**	**sarò** part**ito/a**	part**ii**	**fui** part**ito/a**
tu	part**irai**	**sarai** part**ito/a**	part**isti**	**fosti** part**ito/a**
lui / lei / Lei	part**irà**	**sarà** part**ito/a**	part**ì**	**fu** part**ito/a**
noi	part**iremo**	**saremo** part**iti/e**	part**immo**	**fummo** part**iti/e**
voi	part**irete**	**sarete** part**iti/e**	part**iste**	**foste** part**iti/e**
loro	part**iranno**	**saranno** part**iti/e**	part**irono**	**furono** part**iti/e**

CONGIUNTIVO

	presente	*passato*	*imperfetto*	*trapassato*
io	part**a**	**sia** part**ito/a**	part**issi**	**fossi** part**ito/a**
tu	part**a**	**sia** part**ito/a**	part**issi**	**fossi** part**ito/a**
lui / lei / Lei	part**a**	**sia** part**ito/a**	part**isse**	**fosse** part**ito/a**
noi	part**iamo**	**siamo** part**iti/e**	part**issimo**	**fossimo** part**iti/e**
voi	part**iate**	**siate** part**iti/e**	part**iste**	**foste** part**iti/e**
loro	part**ano**	**siano** part**iti/e**	part**issero**	**fossero** part**iti/e**

CONDIZIONALE

	semplice	*composto*
io	part**irei**	**sarei** part**ito/a**
tu	part**iresti**	**saresti** part**ito/a**
lui / lei / Lei	part**irebbe**	**sarebbe** part**ito/a**
noi	part**iremmo**	**saremmo** part**iti/e**
voi	part**ireste**	**sareste** part**iti/e**
loro	part**irebbero**	**sarebbero** part**iti/e**

IMPERATIVO

-	
tu	part**i**!
Lei	part**a**!
noi	part**iamo**!
voi	part**ite**!
Loro	part**ano**!

MODI INDEFINITI

INFINITO		GERUNDIO		PARTICIPIO	
semplice	part**ire**	*semplice*	part**endo**	*presente*	part**ente**
composto	**essere** part**ito**	*composto*	**essendo** part**ito**	*passato*	part**ito**

			PARL**ARE**	RICEV**ERE**	PART**IRE**
MODI FINITI	**INDICATIVO**	*Presente*	parl**o**	ricev**o**	part**o**
		Passato prossimo	**ho** parl**ato**	**ho** ricev**uto**	**sono** part**ito/a**
		Imperfetto	parl**avo**	ricev**evo**	part**ivo**
		Trapassato prossimo	**avevo** parl**ato**	**avevo** ricev**uto**	**ero** part**ito/a**
		Futuro semplice	parl**erò**	ricev**erò**	part**irò**
		Futuro anteriore	**avrò** parl**ato**	**avrò** ricev**uto**	**sarò** part**ito/a**
		Passato remoto	parl**ai**	ricev**etti**	part**ii**
		Trapassato remoto	**ebbi** parl**ato**	**ebbi** ricev**uto**	**fui** part**ito/a**
	CONGIUNTIVO	*Presente*	parl**i**	ricev**a**	part**a**
		Passato	**abbia** parl**ato**	**abbia** ricev**uto**	**sia** part**ito/a**
		Imperfetto	parl**assi**	ricev**essi**	part**issi**
		Trapassato	**avessi** parl**ato**	**avessi** ricev**uto**	**fossi** part**ito/a**
	CONDIZIONALE	*Semplice*	parl**erei**	ricev**erei**	part**irei**
		Composto	**avrei** parl**ato**	**avrei** ricev**uto**	**sarei** part**ito/a**
	IMPERATIVO	*Informale*	parl**a**!	ricev**i**!	part**i**!
		Formale	parl**i**!	ricev**a**!	part**a**!
MODI INDEFINITI	**INFINITO**	*Semplice*	parl**are**	ricev**ere**	part**ire**
		Composto	**avere** parl**ato**	**avere** ricev**uto**	**essere** part**ito**
	GERUNDIO	*Semplice*	parl**ando**	ricev**endo**	part**endo**
		Composto	**avendo** parl**ato**	**avendo** ricev**uto**	**essendo** part**ito**
	PARTICIPIO	*Presente*	parl**ante**	ricev**ente**	part**ente**
		Passato	parl**ato**	ricev**uto**	part**ito**

Il presente

Forme regolari

- *Il presente indicativo dei verbi regolari si forma togliendo **-are**, **-ere**, **-ire** dall'infinito e aggiungendo le terminazioni del presente.*

1. abit**are**: abit**o**, abit**i**, abit**a**, abit**iamo**, abit**ate**, abit**ano**
2. prend**ere**: prend**o**, prend**i**, prend**e**, prend**iamo**, prend**ete**, prend**ono**
3. apr**ire**: apr**o**, apr**i**, apr**e**, apr**iamo**, apr**ite**, apr**ono**

- *Molti verbi che finiscono in **-ire** prendono la forma **-isc** in alcune persone.*

prefer**ire**: prefer**isco**, prefer**isci**, prefer**isce**, preferiamo, preferite, prefer**isc**ono

- *I verbi che finiscono in **-care** e **-gare** prendono una **h** nella 2ª persona singolare (tu) e nella 1ª persona plurale (noi).*

cer**care**: cerco, cer**chi**, cerca, cer**chiamo**, cercate, cercano

pa**gare**: pago, pa**ghi**, paga, pa**ghiamo**, pagate, pagano

- *I verbi riflessivi* si coniugano con i pronomi riflessivi **mi**, **ti**, **si**, **ci**, **vi**, **si**.*

Io **mi alzo** alle 7.00.
A che ora **ti svegli**?
Mio padre non **si sente** bene.

	ABIT**ARE**	PREND**ERE**	APR**IRE**	PREFER**IRE**
io	abit-**o**	prend-**o**	apr-**o**	prefer-**isc**-o
tu	abit-**i**	prend-**i**	apr-**i**	prefer-**isc**-i
lui/lei/Lei	abit-**a**	prend-**e**	apr-**e**	prefer-**isc**-e
noi	abit-**iamo**	prend-**iamo**	apr-**iamo**	prefer-iamo
voi	abit-**ate**	prend-**ete**	apr-**ite**	prefer-ite
loro	abit-**ano**	prend-**ono**	apr-**ono**	prefer-**isc**-ono

RIFLESSIVI	
	ALZAR**SI**
io	**mi** alz-o
tu	**ti** alz-i
lui/lei/Lei	**si** alz-a
noi	**ci** alz-iamo
voi	**vi** alz-ate
loro	**si** alz-ano

* *Per i verbi riflessivi vedi il capitolo 5, a pag. 40.*

Forme irregolari

ESSERE	AVERE	SAPERE	STARE	DARE	FARE	ANDARE
sono	ho	so	sto	do	faccio	vado
sei	hai	sai	stai	dai	fai	vai
è	ha	sa	sta	dà	fa	va
siamo	abbiamo	sappiamo	stiamo	diamo	facciamo	andiamo
siete	avete	sapete	state	date	fate	andate
sono	hanno	sanno	stanno	danno	fanno	vanno

VENIRE	TENERE	RIMANERE	USCIRE	DIRE	BERE	SCEGLIERE
vengo	tengo	rimango	esco	dico	bevo	scelgo
vieni	tieni	rimani	esci	dici	bevi	scegli
viene	tiene	rimane	esce	dice	beve	sceglie
veniamo	teniamo	rimaniamo	usciamo	diciamo	beviamo	scegliamo
venite	tenete	rimanete	uscite	dite	bevete	scegliete
vengono	tengono	rimangono	escono	dicono	bevono	scelgono

SPEGNERE	SALIRE	TRARRE	PROPORRE	TRADURRE
spengo	salgo	traggo	propongo	traduco
spegni	sali	trai	proponi	traduci
spegne	sale	trae	propone	traduce
spegniamo	saliamo	traiamo	proponiamo	traduciamo
spegnete	salite	traete	proponete	traducete
spengono	salgono	traggono	propongono	traducono

Come venire: convenire, prevenire, provenire, divenire
Come tenere: appartenere, trattenere, contenere, ottenere
Come rimanere: valere
Come dire: benedire, contraddire, disdire, maledire, predire
Come scegliere: togliere, raccogliere, sciogliere, accogliere
Come trarre: attrarre, sottrarre, detrarre, protrarre, contrarre,
Come proporre: porre, comporre, disporre, deporre, anteporre, opporre, supporre
Come tradurre: condurre, produrre, dedurre, introdurre, ridurre, sedurre

- ***Dovere**, **potere** e **volere** sono verbi servili: si chiamano così perché sono al servizio del verbo all'infinito che li segue. Si usano per esprimere obbligo, possibilità e volontà.*

- **Vuoi** venire al cinema?
- Mi dispiace, stasera non **posso** uscire perché **devo** finire questo lavoro.

DOVERE	POTERE	VOLERE	
devo	posso	voglio	+ VERBO INFINITO (studiare)
devi	puoi	vuoi	
deve	può	vuole	
dobbiamo	possiamo	vogliamo	
dovete	potete	volete	
devono	possono	vogliono	

Uso del presente

Il presente si usa per:

parlare di azioni al presente o al futuro immediato;	Oggi **lavoro** fino alle 17:00 e poi **parto** per Siena.
descrivere persone, animali, oggetti e luoghi;	Paola **è** magra e **porta** gli occhiali. I miei pantaloni arancioni **hanno** molte tasche. La mia casa **è** piccola ma **ha** un giardino grande.
parlare di abitudini e attività quotidiane;	Di solito per andare all'università non **prendo** l'autobus, **preferisco** andare a piedi.
fare inviti e proposte, accettarli o rifiutarli;	- **Vieni** a cena da me stasera? - Sì, **vengo** volentieri, **arrivo** verso le otto.
dare istruzioni;	Per venire a casa mia **devi** prendere l'autobus fino a Piazza della Repubblica. Quando **scendi**, **giri** a sinistra in Via Garibaldi e **continui** fino al semaforo: la mia casa è proprio lì.
presentare una biografia o un fatto storico.	Giuseppe Verdi **nasce** a Busseto nel 1813 e **muore** a Milano nel 1901. Nel 1861 l'Italia **diventa** un Paese unito.

Esercizi

1 *La giornata di Michela*

a. Sottolinea i verbi al presente, come nell'esempio.
<u>Mi chiamo</u> Michela, sono italiana, abito a Bologna ma lavoro a Rimini in un'agenzia di viaggi. La mattina parto presto: in inverno di solito prendo il treno, in estate preferisco andare in macchina. Quando arrivo, apro l'ufficio e lavoro fino alle 13:00. All'ora di pranzo mangio un panino e poi cerco un posto tranquillo sul lungomare per leggere il giornale.

b. Ora trasforma il testo alla 3ª persona singolare.
Si chiama Michela, *è* italiana.......

c. Completa la storia di Michela con i verbi della lista.

cucina   escono   guarda   torna   trova   mangiano   lava   fa   vanno   mette   finisce

Dopo il lavoro Michela ____________ a casa. ____________ sempre la cena pronta perché suo marito ____________ di lavorare prima di lei e ____________. ____________ insieme e dopo lei ____________ i piatti e ______________ un po' in ordine, mentre suo marito si ____________ la doccia o ____________ la televisione. Spesso la sera ____________ con gli amici o ______________ al cinema.

2 *Sei felice?*

Coniuga i verbi al presente, abbina le domande alle risposte e scopri se sei felice!

DOMANDE

Quando __________ (*tu-essere*) in vacanza in un posto nuovo, come __________________ (*tu-passare*) la giornata?
Di solito ______________ (*tu-pensare*) alla tua vita passata, presente o futura?
Quando ________ (*tu-andare*) a letto, che cosa _________ (*tu-fare*)?
A tavola di solito _____________ (*tu-mangiare*) molto?
Che cosa ______________ (*tu-preferire*) fare nel tempo libero?

Adesso scrivi le domande al posto giusto.

1. ____ ?

a) *Leggo* un libro. (*leggere*)
b) _____________ la luce e _____________ subito. (*spegnere, dormire*)
c) _____________ ai miei problemi. (*pensare*)

2. ____ ?

a) No, ____________ di non mangiare troppo. (*cercare*)
b) Spesso ___________ a dieta. (*essere*)
c) Sì, _____________ sempre molto. (*mangiare*)

3. ____ ?

a) Non __________ niente tutto il giorno. (*fare*)
b) __________ la mattina e __________ la sera. (*uscire, tornare*)
c) __________ la guida e __________ i monumenti più importanti. (*leggere, visitare*)

4. ____ ?

a) ____________ stare con gli amici. (*preferire*)
b) ____________ la musica e __________ con il computer. (*ascoltare, giocare*)
c) ____________ fuori il cane. (*portare*)

5. ____ ?

a) ____________ il passato. (*ricordare*)
b) ____________ nel presente. (*vivere*)
c) ____________ al futuro. (*guardare*)

Calcola il punteggio e leggi il profilo del tuo carattere.

DOMANDA	A	B	C
1	3	2	1
2	2	1	3
3	1	3	2
4	3	1	2
5	1	3	2

Da 15 a 11 punti
La vita è bella! Sei felice e pieno di gioia di vivere. Vedi sempre il lato positivo delle cose e non ti lasci prendere dall'ansia e dalle preoccupazioni.
Da 10 a 7 punti
Sei abbastanza felice ma pensi al futuro in modo negativo. Vuoi controllare ogni cosa: non consumare così le tue energie!
Meno di 7 punti
Non sai vivere bene e devi imparare ancora molto. Nella vita non ci sono solo doveri! Divertiti e impara a volere bene a te stesso!

(adattato da *Pratica*)

3 *Messaggi*

Completa questi messaggi con il presente dei verbi *dovere*, *volere* e *potere*.

1
Giulia, __________ passare a prendere i bambini a scuola? Escono alle 4 e poi ____________ andare in piscina. Io arrivo verso le 7 perché _____________ andare dal dentista. Baci, *Paolo*

2
Valeria, non _________ passare a prenderti. Vieni tu da me: ________ prendere il 15 in Via Torino e scendere alla terza fermata. O_________ anche venire a piedi, anzi forse fai prima. A più tardi, *Carlo*

3
Maurizio, hanno telefonato i Martini per sapere se ____________ andare a cena da loro domani. __________ una risposta entro stasera. Per me va bene, tu ____________? Chiamami, *Isa*

4 *Baci da* ______________

Completa questa lettera coniugando al presente i verbi della lista, che sono già in ordine. Poi prova a indovinare da quale città scrive Elena.

avere trovarsi fare dare venire conoscersi arrivare preparare vivere lavorare essere stare volere venire proporre esserci conoscere aspettare mandare

Elena manda una lettera e un piccolo regalo a una sua amica tedesca.

..................................., 5 marzo 2004

Cara Yutta,
come stai? È da tanto tempo che non ho tue notizie. Tutto bene? Io ___ho___ una grossa novità: ho cambiato lavoro e mi sono trasferita a .... È una bellissima città dell'Italia centrale circondata dalle colline e io ______________ molto bene qui. ____________ la segretaria all'Università per Stranieri: mi piace perché mi __________ la possibilità di conoscere persone che ______________ da tutto il mondo. Qui a .... tutti ____________: basta camminare per Corso Vannucci per incontrare qualche amico. Quando ___________ a casa, ____________ la cena per... due: da sei mesi __________ con Marco, un ragazzo che ho conosciuto qui. ___________ in un'azienda che produce cioccolato e forse anche per questo ___________ una persona molto... dolce! ____________ benissimo insieme e___________ proprio presentartelo: quando ____________ a trovarci? Ti _____________ un bel giro sulle colline dei dintorni: ____________ molti bei posti da vedere e Marco ___________ bene la zona. Ti va? L'invito è anche per Antonio, naturalmente: vi ______________!
Nel frattempo, ti _____________ tanti baci, anche quelli di cioccolato!
Ciao, a presto
Elena

In quale città abita Elena?

5 *Vedi______________ e poi muori*

Questa è la risposta di Yutta. Scegli il verbo giusto e poi indovina dove passerà le vacanze di Pasqua.

München, 20 marzo 2004

Carissima Elena,
ti ringrazio per l'invito ma purtroppo non *posso/voglio/so* venire a trovarti. Antonio è il tipico italiano, legatissimo alla famiglia. E così *può/vuole/voglio* andare a trovare i suoi anche a Pasqua. Voi italiani dite "Natale con i tuoi, Pasqua con chi *puoi/conosci/vuoi*" ma non è vero! Antonio, infatti, dice che *vogliono/devono/dobbiamo* andare a casa sua perché la sua famiglia *vogliono/vuole/possono* conoscermi. Mamma mia! I suoi genitori non *sanno/possono/vogliono* il tedesco e io ho paura di non riuscire ad esprimermi bene in italiano. In ogni caso, sono contenta di partire: non *conosco/so/sa* l'Italia del Sud e, siccome andiamo in moto, *possiamo/sappiamo/può* fare un po' i turisti e visitare Pompei, il Vesuvio e la Costiera Amalfitana. La mamma di Antonio *sa/può/vuole* cucinare benissimo: non solo la pizza, che è nata proprio in questa città, ma anche il pesce e tanti altri piatti buonissimi. Insomma, tutti mi dicono che *devo/posso/voglio* assolutamente vedere ______________: *conosco/so/conosci* che voi italiani dite "Vedi ______________ e poi muori!" Sarà anche vero, ma dopo questo viaggio io *devi/voglio/posso* vedere te!
Un bacione
Yutta

In quale città va in vacanza Yutta?

Curiosità: l'espressione "vedi ________ e poi muori" significa che questa città è così bella che non si può morire senza averla vista.

1 Il presente

6 *Il genio italiano*

Completa il testo coniugando i verbi della lista, che sono in disordine.

costruire andare nascere lavorare partire essere esserci progettare morire dipingere

È il genio del Rinascimento italiano per eccellenza. __________ a Vinci nel 1452. __________ pittore, architetto, scienziato e scrittore. All'inizio ____________ per Ludovico il Moro, signore di Milano, e poi ___________ per Venezia e Firenze. Nel 1506 torna a Milano e ____________ i lavori di fortificazione del Naviglio. Più tardi si trasferisce a Roma, al servizio di Giuliano de' Medici, e nel 1517 _____________ in Francia alla corte di Francesco I dove ____________ due anni più tardi. Come pittore _______________ opere meravigliose: la *Gioconda*, la *Vergine e il Bambino* e la famosa *Ultima Cena*. Come scienziato _____________ macchine per volare, strumenti nautici e scientifici. Sulla moneta italiana da 1 euro ___________ uno dei suoi disegni più famosi.

(adattato da *www.sapere.it*)

Chi è?

7 *Una di famiglia*

Completa il testo coniugando i verbi al presente.

Mi chiamo *(chiamarsi)* Moka e ___________ *(abitare)* nelle case di tutti gli italiani. Noi Moke ___________ *(essere)* in tante, classiche e moderne, ma tutte ____________ *(avere)* una caratteristica speciale: più ____________ *(diventare)* vecchie, più ____________ *(sentirsi)* in forma e ____________ *(fare)* un caffè buonissimo! Come sapete, gli italiani ne ___________ *(bere)* molto! Io, per esempio, ___________ *(essere)* un tipo tradizionale: mi chiamano la classica. __________ *(essere)* di alluminio, stretta di vita, larga di fianchi e ____________ *(avere)* una bella boccuccia. __________ *(odiare)* il sapone e la lavastoviglie: mi ___________ *(piacere)* essere lavata a mano.

La mattina ___________ *(alzarsi)* presto e ____________ *(preparare)* la colazione per tutta la famiglia. Il primo a svegliarsi è papà: mi __________ *(lui-mettere)* sotto l'acqua fredda, fino a quando mi ___________ *(arrivare)* alla pancia, e mi ____________ *(riempire)* di caffè. Sto al caldo del fuoco per qualche minuto. Quando ___________ *(essere)* pronta lo __________ *(chiamare)* con la mia voce un po' bassa e lui ____________ *(riconoscere)* subito il mio profumo. Mi ___________ *(lui-prendere)* e mi ____________ *(lui-mettere)* al centro della tavola: ____________ *(sentirsi)* proprio una regina! Loro mi ____________ *(volere)* bene, mi ____________ *(tenere)* sempre in bella vista in cucina e mi ____________ *(portare)* anche in vacanza! Non ____________ *(potere)* vivere senza di me!

8 *Rifletti sulla lingua*

A che cosa serve il presente? Segna con una X quali funzioni esprime in ogni esercizio. Ci possono essere più funzioni nello stesso testo.

	parlare di azioni al presente o al futuro immediato	descrivere persone, animali, oggetti, luoghi	parlare di abitudini e attività quotidiane	fare inviti e proposte, accettarli o rifiutarli	dare istruzioni	presentare una biografia o un fatto storico
La giornata di Michela						
Sei felice?						
Messaggi						
Baci da _______						
Vedi _______ e poi muori						
Il genio italiano						
Una di famiglia						

9 *Ridendo con... il presente*

(da *La Settimana Enigmistica*)

- Cosa fa, dopo l'operazione?

Il passato prossimo

Formazione del passato prossimo

- *Il passato prossimo è un tempo composto. Si chiamano composti i tempi verbali che si costruiscono con due verbi: un ausiliare (**essere** o **avere**) e un participio passato.*

L'anno scorso **sono andato** in India.

Ieri **abbiamo mangiato** al ristorante.

- *Il participio passato si costruisce sostituendo **-are/-ere/-ire** con **-ato/-uto/-ito**.*

parl**are** → Ada ha parl**ato** con Gianni.

ricev**ere** → Ho ricev**uto** molte e-mail.

sped**ire** → Hai sped**ito** la lettera?

- *Quando si usa l'ausiliare **essere** il participio passato concorda con il soggetto.*

Luisa **è partita** per la Sicilia, invece Marco **è rimasto** a casa.

Luisa e Francesca **sono partite** per la Sicilia, invece Marco e Luigi **sono rimasti** a casa.

I miei genitori **si sono conosciuti** nel 1965 e **si sono sposati** nel 1968.

ausiliare		*participio passato*
AVERE		**-ato**
o	+	**-uto**
ESSERE		**-ito**

	PARL**ARE**		RICEV**ERE**		SPED**IRE**	
io	**ho**	parl**ato**	**ho**	ricev**uto**	**ho**	sped**ito**
tu	**hai**	parl**ato**	**hai**	ricev**uto**	**hai**	sped**ito**
lui/lei/Lei	**ha**	parl**ato**	**ha**	ricev**uto**	**ha**	sped**ito**
noi	**abbiamo**	parl**ato**	**abbiamo**	ricev**uto**	**abbiamo**	sped**ito**
voi	**avete**	parl**ato**	**avete**	ricev**uto**	**avete**	sped**ito**
loro	**hanno**	parl**ato**	**hanno**	ricev**uto**	**hanno**	sped**ito**

AVERE		**ESSERE**		**ANDARE**		**CRESCERE**		**DIVERTIRSI**	
ho	av**uto**	**sono**	stat**o/a**	**sono**	andat**o/a**	**sono**	cresciut**o/a**	mi **sono**	divertit**o/a**
hai	av**uto**	**sei**	stat**o/a**	**sei**	andat**o/a**	**sei**	cresciut**o/a**	ti **sei**	divertit**o/a**
ha	av**uto**	**è**	stat**o/a**	**è**	andat**o/a**	**è**	cresciut**o/a**	si **è**	divertit**o/a**
abbiamo	av**uto**	**siamo**	stat**i/e**	**siamo**	andat**i/e**	**siamo**	cresciut**i/e**	ci **siamo**	divertit**i/e**
avete	av**uto**	**siete**	stat**i/e**	**siete**	andat**i/e**	**siete**	cresciut**i/e**	vi **siete**	divertit**i/e**
hanno	av**uto**	**sono**	stat**i/e**	**sono**	andat**i/e**	**sono**	cresciut**i/e**	si **sono**	divertit**i/e**

Participio passato - Forme irregolari

-tto

fare	fa**tto**
dire	de**tto**
leggere	le**tto**
correggere	corre**tto**
scrivere	scri**tto**
friggere	fri**tto**
rompere	ro**tto**
cuocere	co**tto**
tradurre	trado**tto**

-rto

aprire	ape**rto**
offrire	offe**rto**
soffrire	soffe**rto**
coprire	cope**rto**
scoprire	scope**rto**
morire	mo**rto**
accorgersi	acco**rto**

-nto

piangere	pia**nto**
spegnere	spe**nto**
spingere	spi**nto**
vincere	vi**nto**
aggiungere	aggiu**nto**
dipingere	dipi**nto**
assumere	assu**nto**

-lto

scegliere	sce**lto**
togliere	to**lto**
raccogliere	racco**lto**
sciogliere	scio**lto**
risolvere	riso**lto**
rivolgersi	rivo**lto**

-so

prendere	pre**so**
rendere	re**so**
accendere	acce**so**
spendere	spe**so**
scendere	sce**so**
offendere	offe**so**
decidere	deci**so**
uccidere	ucci**so**
ridere	ri**so**
dividere	divi**so**
chiudere	chiu**so**
concludere	conclu**so**
diffondere	diffu**so**

-sto

rimanere	rima**sto**
chiedere	chie**sto**
rispondere	rispo**sto**
comporre	compo**sto**
proporre	propo**sto**
disporre	dispo**sto**
vedere	vi**sto**

-rso

perdere	pe**rso**
correre	co**rso**

-sso

mettere	me**sso**
succedere	succe**sso**
permettere	perme**sso**
esprimere	espre**sso**
muovere	mo**sso**
discutere	discu**sso**

Attenzione! Sono irregolari anche:
essere ➛ **stato** vivere ➛ **vissuto**
venire ➛ **venuto** nascere ➛ **nato**

Avere o essere?

- *Tutti i verbi transitivi vogliono l'ausiliare **avere**. Si chiamano "transitivi" i verbi che possono avere un complemento di oggetto diretto, cioè i verbi che rispondono alle domande "chi?" "che cosa?"*

Stefano **ha incontrato** *(chi?)* ➛ Cristina.

Stefano **ha spedito** *(che cosa?)* ➛ il materiale.

- *Tutti i verbi riflessivi* vogliono l'ausiliare **essere**: lavarsi, vestirsi, divertirsi, annoiarsi, salutarsi, conoscersi, abbracciarsi…*

Lucia **si è divertita** molto alla festa, invece Pietro **si è annoiato**.

*Vogliono l'ausiliare **essere** anche:*

- *i verbi che indicano **movimento**: andare, venire, partire, tornare, arrivare, entrare, uscire, salire, scendere, cadere…*
  ***Eccezioni**: passeggiare, camminare, viaggiare, guidare, nuotare, ballare…;*

Filippo **è uscito** con gli amici: **sono andati** in discoteca e **hanno ballato** tutta la notte.

- *i verbi che indicano **stato in luogo**: essere, stare, restare, rimanere;*

L'anno scorso **siamo stati** in Turchia.

I nonni **sono rimasti** in campagna tutta l'estate.

- *i verbi che indicano un **cambiamento** nel soggetto: crescere, diventare, ingrassare, dimagrire, nascere, morire…;*

Come **sei dimagrita**!

Paolo **è nato** nel 1982.

- *i seguenti verbi: piacere, sembrare, accadere, succedere, capitare, bastare, mancare, servire, interessare, durare. Nella maggior parte dei casi si usano alla 3ª persona singolare e plurale e con i pronomi indiretti.*

- Perché avete quella faccia? **Vi è successo** qualcosa?
- No, è che la conferenza **è durata** troppo e non **ci è piaciuta** per niente.

- Come ti sembrano i nuovi vicini di casa?
- Li ho incontrati ieri e **mi sono sembrati** simpatici.

*Alcuni verbi hanno l'ausiliare **essere** o **avere** a seconda dei casi:*

- *i verbi **cominciare**, **finire**, **cambiare**, **aumentare**…*

  *-quando sono transitivi vogliono l'ausiliare **avere**;*

Eva **ha cominciato** *(che cosa?)* ➔ la scuola.

Abbiamo finito *(che cosa?)* ➔ la birra.

  *-quando sono intransitivi vogliono l'ausiliare **essere**.*

Il film **è cominciato** alle 22:30.

La lezione **è finita** alle 15:00.

- *I verbi **volere**, **potere** e **dovere** prendono l'ausiliare richiesto dal verbo che li segue.*

<u>Sono</u> **dovuto** <u>andare</u> a Como a prendere Anna.

<u>Ho</u> **dovuto** <u>fare</u> la spesa perché il frigo era vuoto.

**Per i verbi riflessivi vedi il capitolo 5, a pag. 40.*

Uso del passato prossimo

- *Il passato prossimo si usa per raccontare fatti al passato.*

Ieri **ho incontrato** una mia amica e **siamo andate** a prendere un aperitivo insieme.

L'anno scorso **siamo stati** in vacanza in Sardegna e **ci siamo divertiti** molto.

Esercizi

1 *E-mail*

Completa questo messaggio e-mail con le parti mancanti e poi scrivi i verbi al posto giusto nella tabella, come nell'esempio.

Caro Massimo,
ho ricev***uto*** il tuo messaggio: ti ho già sped____ per posta tutto il materiale, ma purtroppo non ho ancora fin____ di scrivere la relazione. Scusami, non ho av____ il tempo di farlo perché sono and_____ a Milano per lavoro. Lì ho incontr____ Cristina e le ho parl____ del nostro progetto. Abbiamo fiss_____ un appuntamento per giovedì prossimo. Ti va bene questa data?
Ciao,
Stefano

-are	-ere	-ire
	ho ricevuto	

2 *Mi presento…*

Completa il testo con il participio passato.

Mi chiamo Alberto e sono nato a Padova. Sono _____________ *(stare)* nella mia città per 25 anni. Ho ____________ *(studiare)* ingegneria e dopo l'università ho ________________ *(ricevere)* un'offerta di lavoro all'estero. Così sono _____________ *(partire)* per Londra. Lì ho ________________ *(conoscere)* Linda, mia moglie. Abitiamo in Inghilterra da cinque anni e un mese fa abbiamo _____________ *(avere)* una bellissima bambina.

3 *Una busta per te*

Completa l'e-mail coniugando l'ausiliare *essere* o *avere* alla persona giusta.

Ciao Mauro,

__________ già tornato dalle vacanze? Io non ___________ ancora partito. Ti scrivo per dirti che la settimana scorsa _________ andato all'università e _________ incontrato il professor Brembo che mi __________ dato una busta per te. __________ venuto a casa tua ma non ti __________ trovato. Siccome tua sorella abita lì vicino, _________ pensato di lasciarla a lei. Non è niente di urgente, puoi ritirarla quando vuoi.

A presto, Luigi

PS: _________ saputo che Francesca si _______ laureata?

4 *Chi al mare, chi in montagna...*

a. Completa i verbi con la parte mancante del participio passato.

Due amici, Sandra ed Enrico, si incontrano dopo le vacanze.

Enrico - Ciao, sei già tornat____ dalle Dolomiti?

Sandra - Sì, sono arrivat_____ l'altro ieri. E tu dove sei stat_____?

Enrico - In Puglia, a Gallipoli. È stat _______ una vacanza meravigliosa.

Sandra - Ma ci sei andat_____ da solo?

Enrico - No, no, con degli amici. Abbiamo affittat______ una casa al mare per due settimane e abbiamo fatt______ anche delle gite nei dintorni. E tu?

Sandra - Io invece sono stat____ in Val Badia e ho fatt_____ molte passeggiate. Una volta sono anche salit______ sul Piz Boé* e poi mi sono fermat______ a dormire in un rifugio**. Sono rimast_____ a più di 2000 metri per tre giorni. È stat____ un'esperienza indimenticabile.

b. Ora riscrivi il dialogo immaginando che Sandra e Laura stiano parlando con Enrico e Paolo.

Enrico e Paolo - Ciao, siete già tornat____ dalle Dolomiti?

Sandra e Laura - ....

* *Piz Boé: montagna delle Dolomiti.*

** *rifugio: casa di montagna in alta quota per escursionisti.*

5 *Hai mai fatto questo gioco?*

Completa le domande con il participio passato dei verbi della lista, che non sono in ordine. Rispondi e poi prova a intervistare il tuo compagno.

	Io	Il mio compagno
Sei mai ___*andato*___ a cavallo?		
Sei mai ______________ dalle scale?		
Hai mai ______________ la polenta?		
Hai mai ______________ paura del buio?		
Hai mai ____________ sotto le stelle?		
Hai mai ____________ a Monopoli?		
Ti sei mai ______________ alle tre del mattino?		
Sei mai ________________ a Ischia?		
Sei mai __________________ di casa con due scarpe diverse?		
Hai mai ___________________ una notte senza dormire?		
Hai mai _________________ un personaggio famoso?		
Hai mai _________________ un regalo da un ammiratore sconosciuto?		
Sei mai ________________ per un viaggio senza valigie?		

avere cadere ricevere mangiare giocare essere ***andare***
partire passare conoscere uscire dormire alzare

6 *I participi nascosti*

Cerca nel puzzle i participi passati dei verbi dati sotto all'infinito: possono essere in posizione orizzontale →, verticale ↓ e obliqua ↗.

togliere ↓
aggiungere ↓
spegnere →
accendere ↘
prendere ↓
rompere ↙
essere ↓
raccogliere →
scendere ↓
assumere →
offrire →
iscrivere →
permettere ↓
fare ↓
nascere ↘
vedere ↓
promettere →
vivere ↓
morire ↓
cuocere ↗

S	D	A	R	A	C	C	O	L	T	O	S	A
V	E	C	T	G	A	I	S	B	O	M	F	S
I	R	S	A	G	M	I	T	N	L	I	A	O
S	M	U	P	I	E	H	R	I	T	A	T	E
T	E	P	R	U	M	O	V	M	O	T	T	C
O	S	P	E	N	T	O	A	S	O	B	O	S
R	U	E	S	T	E	D	I	C	E	B	S	C
I	V	R	O	O	S	T	E	I	C	U	L	E
A	I	M	P	L	L	U	C	O	I	E	A	S
D	S	E	T	B	P	R	O	M	E	S	S	O
A	S	S	U	N	T	O	V	O	N	T	U	O
P	U	S	M	U	I	S	X	R	C	A	V	U
E	T	O	O	F	F	E	R	T	O	T	T	I
C	O	G	R	A	I	S	D	O	R	O	R	O
I	S	C	R	I	T	T	O	S	A	V	I	N

7 *Chi lo sa?*

Completa il quiz con i verbi al passato prossimo. Poi prova a rispondere alle domande.

scoprire -	Chi ________________ l'America?
scrivere -	Chi __________________ "Pinocchio"?
prendere -	Il "gianduiotto", cioccolatino di Torino, da quale maschera di Carnevale ____________ il nome?
chiudere -	Perché nel 2002 il Comune di Milano _____________ il teatro Alla Scala?
dipingere -	Chi _______________ la Cappella Sistina?
comporre -	Chi _______________ L'Aida?
fare -	Chi ______________ il bagno nella Fontana di Trevi nel film "La dolce vita"?
vincere -	Chi _______________ i mondiali di calcio del 1982?
scegliere -	In che anno gli italiani _______________ fra monarchia e repubblica?
uccidere -	Chi ________________ il politico Aldo Moro?

8 *Cambiare vita*

Completa la lettera con gli ausiliari *essere* o *avere*.

Cara Marina,
da quando hai lasciato l'Italia e ________ partita per la Turchia, anch'io __________ pensato molto alla mia vita e _________ preso la mia decisione: mi __________ iscritta a un master sull'agricoltura biologica a Imperia. _________ spedito il mio curriculum e dopo due settimane ______ ricevuto una telefonata: mi avevano preso! Tre giorni dopo ________ partita. Per i primi tempi _________ stata in una pensione e poi _________ trovato un appartamentino vicino al porto. Il corso _________ durato 6 mesi e _________ fatto anche uno stage in un'azienda che produce olio. Quando il corso ________ finito, l'azienda mi __________ offerto un lavoro come manager del controllo qualità. Ma le novità non __________ finite qui! Nella pizzeria sotto casa mia _________ conosciuto Fabio. Dopo qualche mese ____________ cominciato a uscire insieme e adesso mi __________ trasferita a casa sua. Siamo felici anche se ci vediamo poco. In pochissimo tempo la mia vita _____________ cambiata: _______ cambiato città, casa, lavoro, amici e fidanzato! Niente male, vero? Quando vieni a trovarmi? Aspetto tue notizie al più presto

Baci

Paola

9 *Che lavoro fanno?*

Alcune persone raccontano la loro giornata. Indovina che lavoro fanno e poi trasforma i testi al passato prossimo.

1. Ogni mese faccio circa 10 concerti e viaggio molto. Qualche volta purtroppo rimango senza voce e devo interrompere la tournée. I miei fans mi chiedono spesso il bis. Firmo molti autografi e vendo un sacco di dischi.

1. *Il mese scorso ......*

2. Ci sono le sfilate e lavoro moltissimo. Metto e tolgo molti vestiti e provo modelli nuovi. Conosco persone famose e diversi stilisti mi propongono di lavorare per loro. Sono così impegnata che non ho neanche il tempo per mangiare, però almeno mantengo la linea!

2. *La settimana scorsa....*

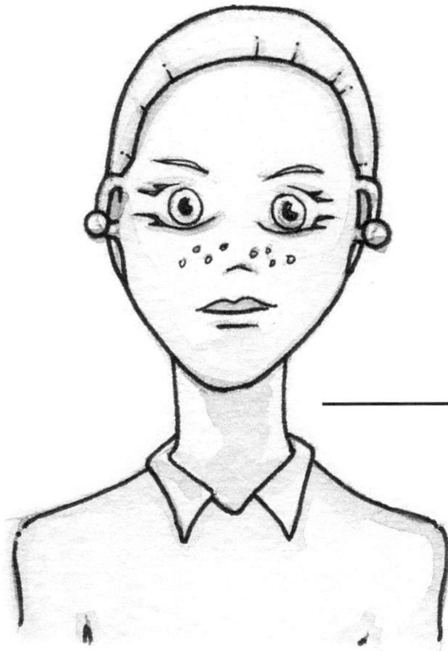

3. Ogni mattina mi alzo presto, mi faccio la doccia, mi metto la divisa, mi trucco, preparo la valigia e vado all'aeroporto. Quando arrivo, controllo i biglietti dei passeggeri, saliamo insieme sull'aereo e poi partiamo. Arriviamo a Madrid alle 11:30. Alle 18:00 riparto per Milano.

3. *Anche ieri mattina....*

10 *Un week end alle Cinque Terre*
Completa il testo con i verbi al passato prossimo.

La settimana scorsa Giulia ____________ *(essere)* alle Cinque Terre. ____________ *(partire)* sabato mattina molto presto da Milano e ____________ *(arrivare)* a Riomaggiore alle 11:30. ____________ *(lasciare)* i bagagli in un piccolo hotel, ____________ *(comprare)* qualcosa da mangiare e poi ____________ *(andare)* a piedi fino a Manarola, sulla Via dell'Amore.

__________ *(camminare)* per circa 20 minuti e poi ____________ *(vedere)* subito le case colorate e il piccolo porto del paese. Lì ____________ *(incontrare)* dei suoi amici e insieme ____________ *(prendere)* il sentiero per Corniglia. A metà strada ____________ *(loro-fermarsi)* in una spiaggia e ____________ *(fare)* il bagno. Dopo, tutti insieme ____________ *(continuare)* la passeggiata fino a Vernazza, dove ____________ *(bere)* un bicchiere di vino nella piazzetta del paese. Poi ____________ *(raggiungere)* Monterosso, l'ultima delle Cinque Terre, e da lì ____________ *(prendere)* il treno per tornare a Riomaggiore. La domenica ____________ *(loro-passare)* tutta la giornata in spiaggia. ____________ *(essere)* un fine-settimana stupendo.

11 *Quante scuse!*
Leggi le frasi e completa le risposte con *potere*, *dovere* o *volere* al passato prossimo.

Patrizia è rimasta in casa tutto il giorno ma non ha fatto quello che sua madre le aveva detto. Ecco come si giustifica con lei.

1. Perché non hai pulito il bagno?
   Non ________________ pulirlo perché non c'era il detersivo.

2. Perché non sei andata a trovare la nonna?
   Non ci ____________ andare perché c'era lo sciopero degli autobus.

3. Perché non hai mangiato la bistecca?
   Non ________________ mangiarla perché odio la carne!

4. Perché non sei andata in palestra?
   Non ________________ uscire perché ______________ studiare.

12 *Curriculum Vitae*

Leggi le informazioni qui sotto e scrivi la lettera di accompagnamento del curriculum di Clara. Usa i verbi della lista.

Clara Loiacono, che vive e lavora in Grecia dal 2001, vuole tornare in Italia e per questo sta cercando lavoro. Ha letto su Internet l'annuncio di un'agenzia di viaggi di Roma che cerca un responsabile per l'area del Mediterraneo.

CURRICULUM VITAE

Nome e Cognome: Clara Loiacono
Luogo e data di nascita: Salerno, 15 marzo 1967
Residenza: Atene, dal 2001
Stato civile: nubile

<u>Studi:</u>
1986 - Diploma di maturità presso l'Istituto Tecnico per il Turismo "Iannuzzi" di Salerno
1992 - Laurea in Lingue e Letterature Straniere Moderne presso l'Istituto Universitario di Lingue Orientali di Napoli
1993 - Corso di perfezionamento della lingua inglese presso la University City di Londra
1994 - Corso di specializzazione in informatica presso Internet World di Milano

<u>Esperienze di lavoro</u>:
1993 - Stage all'agenzia di viaggi "Holiday Dreams" - Londra
1994 - Hostess di terra all'aeroporto di Milano Malpensa
1998 - Responsabile dei servizi aeroportuali di Milano Malpensa
2001 - Trasferimento ad Atene per la gestione di un'agenzia di viaggi

<u>nascere</u> *diplomarsi laurearsi seguire frequentare fare lavorare essere trasferirsi*

Egregio Direttore,
ho letto su Internet l'annuncio della Sua agenzia di viaggi e sono interessata al lavoro che offrite perché vorrei tornare a vivere in Italia.
Mi presento brevemente. ***Sono nata*** *a Salerno il 15 marzo 1967......*

L'imperfetto

Forme regolari

	ABIT**ARE**	AV**ERE**	APR**IRE**
io	abit-**avo**	av-**evo**	apr-**ivo**
tu	abit-**avi**	av-**evi**	apr-**ivi**
lui/lei/Lei	abit-**ava**	av-**eva**	apr-**iva**
noi	abit-**avamo**	av-**evamo**	apr-**ivamo**
voi	abit-**avate**	av-**evate**	apr-**ivate**
loro	abit-**avano**	av-**evano**	apr-**ivano**

Forme irregolari

ESSERE	**FARE**	**DIRE**	**BERE**
ero	facevo	dicevo	bevevo
eri	facevi	dicevi	bevevi
era	faceva	diceva	beveva
eravamo	facevamo	dicevamo	bevevamo
eravate	facevate	dicevate	bevevate
erano	facevano	dicevano	bevevano

Uso dell'imperfetto

L'imperfetto è un tempo del passato che si usa per:

- *descrivere persone, animali, oggetti, luoghi e situazioni;*

  Mia nonna **si chiamava** Tina: **era** affettuosa e **aveva** molta pazienza con noi.

  In quegli anni **c'era** la guerra e la gente **viveva** nella paura.

- *raccontare azioni abituali;*

  Quando abitavamo a Verona, non **usavamo** mai la macchina: **preferivamo** la bicicletta.

- *parlare di azioni che si svolgono nello stesso momento e hanno la stessa durata;*

  Mentre Francesca **faceva** le fotocopie, Silvia **scriveva** gli indirizzi sulle buste.

- *descrivere stati fisici e psicologici.*

  Alla fine della giornata **eravamo** stanchi ma felici.

Per gli usi dell'imperfetto in combinazione con il passato prossimo vedi il capitolo 4 a pag. 32.

Esercizi

1 *Ricordi*

a. <u>Sottolinea</u> i verbi all'imperfetto.

Quando io e Riccardo <u>abitavamo</u> a Genova avevamo una bellissima casa che dava sul porto. Era piccola ma molto carina e accogliente. Quello che ci piaceva di più era il panorama: quando la mattina aprivamo la finestra e vedevamo il mare ci sentivamo felici. In primavera e in estate, dopo il lavoro, leggevamo il giornale sul terrazzo di casa e guardavamo il tramonto.

b. Ora riscrivi il testo usando la 1ª persona singolare (io).

Quando io ***abitavo*** a Genova.....

2 *L'anno prossimo... vacanze separate!*

Gianna e Umberto, sposati da 15 anni, sono appena tornati da una vacanza in Sardegna. Completa i loro commenti con i verbi della lista. Attenzione: non sono in ordine e ce ne sono due in più!

Gianna dice:
Il posto ___________ troppo turistico.
___________ così tante persone che in spiaggia noi non ________________ a stare tranquilli. E così io ________________ tutto il giorno sul terrazzo dell'albergo e ___________.
___________ così caldo che non ___________ stare al sole.
Per non parlare della sera! ___________ fare la fila per entrare in ristoranti carissimi...
Una vacanza orribile!!!

bisognava rimanevo era riuscivamo potevo c'erano faceva mi annoiavo stava

Umberto dice:
____________ in una bellissima località alla moda.
___________ tanta gente simpatica e ogni giorno ________________ con persone diverse.
Io ___________ tutto il giorno in spiaggia, ___________ il sole e _____________ il bagno con gli amici.
Il tempo ___________ bellissimo.
La sera, poi, mi ___________ andare nei ristoranti più famosi... è vero, _____________ un po' di più ma ________________ così bene!
Una vacanza favolosa!!!

chiacchieravo mangiavamo eravamo facevo c'erano piaceva prendevo spendevamo passavo c'era era

(Pat Carra in *Donna Moderna*)

3 L'imperfetto

3 *Un extraterrestre ci guarda...*

Completa il testo con i verbi all'imperfetto (sono in ordine).

Un extraterrestre in visita sulla Terra ha visto qualcosa di molto strano. Ecco come lo racconta in un messaggio che scrive agli altri abitanti del suo pianeta.

Ieri sera sono andato in un posto all'aperto molto tipico della Terra e ho visto cose che non potete neanche immaginare... In un rettangolo verde con delle righe bianche ____________ 22 esseri umani di sesso maschile divisi in due gruppi di undici persone che loro chiamano "squadre". La prima squadra ____________ una maglia blu e nera e l'altra una maglia rossa e nera. Tutti ____________ dei pantaloni corti anche se ____________ freddo. ____________ dietro a una palla e la ____________ a calci. In mezzo a loro ____________ anche un uomo vestito di nero che ____________ uno strano strumento. Intorno al rettangolo almeno 60.000 persone ____________ e ____________. Ogni tanto gli uomini nel rettangolo verde ____________ la palla in una porta. In quel momento 30.000 persone ____________ contente e le altre 30.000 ____________ e ____________. I terrestri sono proprio strani!

esserci avere portare fare correre prendere esserci suonare guardare gridare tirare essere arrabbiarsi fischiare

Che cosa ha visto l'extraterrestre? ____________________

4 *Sembra ieri*

Leggi questo testo sulle abitudini degli italiani fra gli anni Trenta e gli anni Cinquanta e poi trasformalo all'imperfetto.

I miei genitori, la sera, quando escono da una stanza per entrare in un'altra, spengono la luce e, comunque, non accendono mai più di una lampadina per volta. Al ristorante andiamo se c'è un matrimonio o un'occasione importante. Il pollo lo mangiamo quando siamo malati o quando è malato il pollo. Molti tengono una gallina in casa per avere l'uovo fresco ogni mattina. L'ascensore è a pagamento: bisogna mettere una monetina in una macchinetta per farlo funzionare. Il "cellulare" non è un telefonino ma un furgone della polizia. La parola "weekend" non esiste, così come non esistono i viaggi all'estero. Gli unici a partire per l'America sono gli emigranti, e fanno il biglietto di sola andata. C'è solo un televisore per ogni palazzo e solo nei quartieri eleganti. Il programma di maggiore ascolto si chiama "Lascia o raddoppia?" con Mike Bongiorno. Andiamo a vederlo in casa di un amico fortunato che ha il televisore e ci portiamo la sedia, perché non ci sono sedie per tutti. Insomma, siamo felici.

(adattato da Luciano De Crescenzo, *Sembra ieri*)

5 *I Romani a tavola*

Completa il testo con i verbi all'imperfetto.

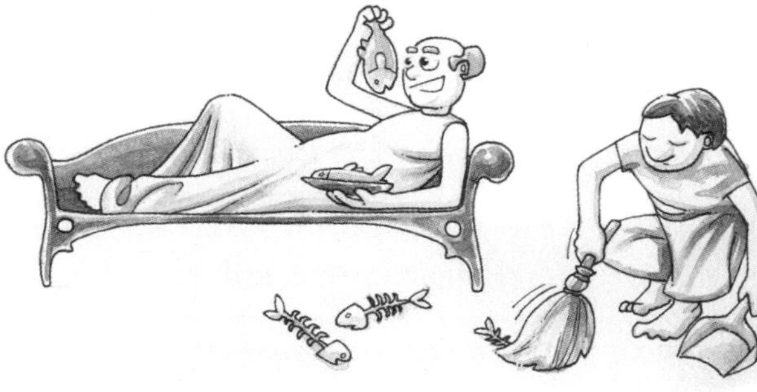

Il pasto principale dei Romani ________ *(essere)* la cena: ______________ *(mettersi)* a tavola dopo il bagno alle terme e ______________ *(continuare)* a mangiare fino a tardi. Nelle case dei ricchi, nella sala da pranzo non __________ *(esserci)* sedie ma tre letti intorno al tavolo, sui quali i Romani ______________ *(sdraiarsi)* per mangiare. _______________ *(stare)* sempre di lato, ___________ *(tenere)* con la mano sinistra il piatto e con la destra ____________ *(prendere)* il cibo: non __________ *(usare)* né la forchetta né il coltello perché uno schiavo ____________ *(tagliare)* carni e verdure prima di servirle. La cena ______________ *(cominciare)* con l'antipasto - "gustatio" -, poi c'era il pasto vero e proprio, che _______________ *(avere)* tre portate. ____________ *(loro - finire)* con il dessert - "secundae mensae" - a base di frutta fresca e secca, dolci e formaggi. Mentre ______________ *(cenare),* i Romani _____________ *(gettare)* sul pavimento lische di pesce, ossa, bucce di frutta: alla fine della cena gli "scoparii" _____________*(pulire)* tutto.

I grandi banchetti duravano molte ore: mentre ______________ *(mangiare)* e ____________ *(bere),* i Romani _______________ *(chiacchierare)* e ________________ *(divertirsi).*

(adattato da www.ispsiaberlinguer.it)

6 *Rifletti sulla lingua*

A che cosa serve l'imperfetto? Segna con una X quali funzioni esprime in ogni esercizio. Ci possono essere più funzioni nello stesso testo.

	descrivere persone, animali, oggetti, luoghi e situazioni	raccontare azioni abituali	parlare di azioni che si svolgono nello stesso momento e hanno la stessa durata	descrivere stati fisici e psicologici
Ricordi				
L'anno prossimo… vacanze separate!				
Un extraterrestre ci guarda...				
Sembra ieri				
I Romani a tavola				

Il passato prossimo e l'imperfetto

Il passato prossimo e l'imperfetto sono due tempi verbali che si usano in modo diverso per parlare di azioni al passato.

Passato prossimo	Imperfetto
● *per raccontare un'esperienza passata e conclusa che è avvenuta una o più volte, ma non in modo abituale:*	● *per raccontare un'esperienza abituale del passato:*
Ieri **ho lavorato** fino alle 6.	In quel periodo **lavoravo** fino alle 6. *(abitudine)*
Mercoledì scorso **sono andato** al cinema.	Quando **ero** studente *(situazione)*, **andavo** al cinema ogni mercoledì *(abitudine)*.
Sono andato all'isola d'Elba tre volte: nel 1992, nel 1996 e l'anno scorso.	Da bambino **andavo** in vacanza all'isola d'Elba *(abitudine)*.

PASSATO PROSSIMO - PASSATO PROSSIMO	IMPERFETTO - IMPERFETTO	IMPERFETTO - PASSATO PROSSIMO
● *per raccontare azioni successe una dopo l'altra:*	● *per descrivere azioni che si sono svolte in modo parallelo:*	● *per raccontare un'azione che si inserisce in un'altra iniziata prima. L'azione che è iniziata prima rappresenta la* ***situazione*** *(il contesto in cui il fatto accade) e va all'****imperfetto****. L'azione che si inserisce rappresenta il* ***fatto*** *(quello che è successo) e va al* ***passato prossimo****.*
Ieri prima **ho stirato** e poi **ho guardato** la TV.	Mentre **stiravo**, **guardavo** la TV.	Mentre **stiravo**, **è suonato** il telefono.
|——| + |——| ho stirato *(azione 1)* + ho guardato la TV *(azione 2)*	stiravo ——— guardavo la TV ——— *(azioni parallele)*	è suonato il telefono *(fatto)* ↙ ——— stiravo *(situazione)*

- *Il passato prossimo e l'imperfetto si trovano spesso in frasi con i seguenti connettivi: **mentre**, **e**, **perché**, **siccome**, **e quindi**, **così**, **allora**.*

Siccome avevo mal di testa, ho preso un'aspirina.

Non ho sentito il telefono **perché** dormivo.

Faceva feddo **e quindi** ho acceso il termosifone.

- *I verbi **conoscere** e **sapere** hanno significati diversi a seconda del tempo verbale usato. Con l'imperfetto indicano una situazione di cui non si conosce l'inizio; con il passato prossimo, invece, indicano un'azione puntuale, conclusa, nel passato.*

Non volevo andare alla festa perché non **conoscevo** nessuno; invece, appena sono arrivato, **ho conosciuto** molte persone simpatiche.

Sapevo che non stava bene, ma quando **ho saputo** che era all'ospedale mi sono preoccupato.

Con l'imperfetto indicano l'intenzione di fare qualcosa che poi può essersi realizzato o no:

Potevo / **Volevo** / **Dovevo** } fare una settimana di vacanza *(intenzione)*

→ e **sono andato** a Favignana. *(intenzione realizzata)*

→ ma **avevo** troppo lavoro da fare. *(intenzione non realizzata)*

Con il passato prossimo indicano un'azione che si è sicuramente realizzata:

Ho potuto / **Ho voluto** / **Ho dovuto** } fare una settimana di vacanza → e **sono andato** a Favignana.

Esercizi

1 *Una storia come tante*
Scegli il tempo giusto

Marilena, che è argentina e abita in un piccolo paese vicino a Brescia, racconta la sua storia.
"Era iniziata malissimo. Mio marito è ingegnere ed era stato chiamato qui in Italia per un posto di lavoro. *Siamo venuti/Venivamo* in Italia insieme ai nostri bambini, ma nel frattempo l'azienda che *ha dovuto/doveva* dargli l'impiego è fallita. *Abbiamo vissuto/Vivevamo* malissimo per un anno. Finalmente lui *ha trovato/trovava* un posto come camionista e io *ho cominciato/cominciavo* a lavorare in una fabbrica. I bambini *hanno imparato/imparavano* bene l'italiano perché ogni giorno *sono andati/andavano* alla scuola materna e *hanno avuto/avevano* molti amici. Mio marito, però, *è stato/era* sempre lontano, io *sono ritornata/ritornavo* a casa la sera tardi e così non *siamo potuti/potevamo* mai stare con i nostri bambini. *Ho saputo/Sapevo* che per loro *è stato/era* importante avere i genitori vicini e così *ho deciso/decidevo* di lasciare la fabbrica. *Ho cercato/Cercavo* un'occupazione meno impegnativa per avere più tempo per i miei figli. *Ho trovato/Trovavo* lavoro come cameriera in un albergo: inizio presto la mattina e finisco nel primo pomeriggio, così posso passare più tempo con i miei bambini. Abbiamo meno soldi ma siamo tutti più felici." (adattato da *Donna Moderna*)

2 *Fatti e situazioni*
Osserva i disegni e scrivi delle frasi, come nell'esempio.

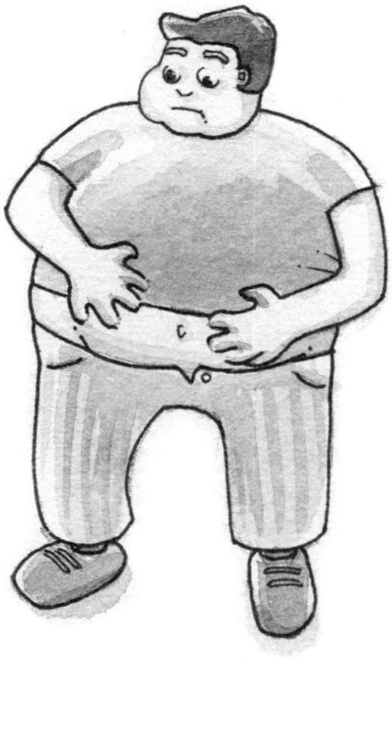

1. *Ero troppo grasso*

e quindi *ho fatto* *(fare)* una dieta.

2. **Siccome** *(lui)* ________________ ,

______________ *(prendere)* un taxi.

3. **Mentre** *(io)* ________________________ ,

__________________ *(addormentarsi)*.

4. **Siccome** non ____________________,

________________ *(loro-chiamare)* l'idraulico.

6. *(noi)* ____________________ **perché**

non ______________ *(avere)* più contanti.

5. **Mentre** *(lei)* _____________________,

un gatto nero ____________ *(attraversare)* la strada.

3 *Un venerdì 17*

Ieri Sara ha avuto una giornata terribile: questa è l'e-mail che scrive alla sua amica Sabina. Completa il testo con i verbi al passato prossimo o all'imperfetto.

e-mail

Invia adesso | Invia più tardi | Registra come bozza | Aggiungi allegati | Firma | Opzioni

Da: Sara

A: @Sabina

Oggetto: venerdì 17

Allegati: *Nessuno*

Font predefinito | Dimensione testo

Cara Sabina,
come stai? Scusami se non ti __________ *(rispondere)* subito, ma ieri __________ *(avere)* una giornataccia e per tutto il giorno non __________ *(potere)* usare il computer. Senti che cosa mi __________ *(succedere)*. Siccome __________ *(dovere)* essere in ufficio alle 8:30 per una riunione importante, __________ *(alzarsi)* presto. La giornata __________ *(iniziare)* subito male: mentre __________ *(uscire)* dalla doccia, __________ *(scivolare)* e __________ *(battere)* il gomito. Poi, mentre __________ *(preparare)* la colazione, il barattolo della marmellata __________ *(cadere)* e __________ *(rompersi)* in mille pezzi: __________ *(esserci)* marmellata ovunque! Siccome __________ *(essere)* in ritardo, __________ *(prendere)* la macchina per fare prima. __________ *(esserci)* un traffico tremendo ma, per fortuna, __________ *(arrivare)* in ufficio proprio mentre la riunione __________ *(stare)* cominciando. Nel pomeriggio __________ *(dovere)* preparare dei documenti urgenti ma il computer __________ *(avere)* un virus e non __________ *(potere)* usarlo fino alle 5. E in più, per tutto il giorno __________ *(noi - avere)* problemi con le linee telefoniche perché __________ *(esserci)* un guasto in tutta la zona. E per finire, quando __________ *(io - uscire)* dall'ufficio, sulla macchina __________ *(trovare)* una multa per divieto di sosta. Insomma, una giornata veramente da dimenticare, proprio un venerdì 17.
Ci sentiamo presto per organizzare una cena, va bene?
Un bacione
Sara

Lo sapevi?
In Italia venerdì 17 è considerato un giorno molto sfortunato. L'origine di questa superstizione è legata alla religione cristiana. Venerdì è il giorno della morte di Gesù e 17 in numeri romani (XVII) è l'anagramma della parola latina VIXI che significa "ho vissuto" che, interpretato letteralmente, vuol dire "sono morto".

4 *Rapina una banca con un'arma giocattolo*

Questo articolo è diviso in 5 parti, date in disordine. Prima completa i testi con i verbi al passato prossimo o all'imperfetto e poi ricostruisci la storia. I verbi non sono in ordine.

avere - aprire - suonare - esserci - attraversare

[1] Erano le 13.20 quando in una banca di Bergamo, oltre al direttore e ad alcuni impiegati, ______________ solo una cliente. Il rapinatore, un uomo ben vestito che ______________ con sé una valigetta ventiquattrore, ______________ alla porta e dall'interno qualcuno gli ______________. Lui ______________ senza problemi il metal detector.

guardare - consegnare - prendere - puntare

[ ] Il bandito allora ______________ dalla tasca un coltellino e lo ____________ contro la donna. Mentre gli altri impiegati ______________ la scena paralizzati dalla paura, il cassiere gli ______________ il denaro, poco più di 5.000 euro.

cercare - accorgersi - alzarsi - essere

[ ] L'impiegato, però, ______________che la pistola ______________ solo un'arma giocattolo e quindi ______________ e ______________ di reagire.

esserci - uscire - potere

[ ] Quando il rapinatore ______________ dalla banca, gli impiegati finalmente ____________ chiamare la polizia, ma del rapinatore non ____________ più traccia: era sparito con i soldi fra le strade affollate della città.

dire - andare - sembrare - aspettare - puntare

[ ] Lo sconosciuto, che ______________ assolutamente calmo, ______________ alla cassa dove la cliente ______________ il suo turno, ______________ la pistola alla schiena della donna e poi ______________ al cassiere di dargli i soldi.

(adattato da *L'Eco di Bergamo*)

5 *Pappagallo cercasi*
Scegli il tempo giusto

Un pappagallo è scappato di casa: *succedeva/è successo* cinque giorni fa a Milano. I proprietari, il signor Mario e sua moglie Rosa, sono disperati. Il signor Mario ci parla di lui: "Si chiama Ugo, è verde ma non so di che razza sia. Per noi è come un terzo figlio. Era dei miei zii. Quando *morivano/sono morti* io e mia moglie *abbiamo deciso/decidevamo* di prenderlo: da quel momento *abitava/ha abitato* sempre con noi, per sette anni. Non *parlava/ha parlato* molto, *ha saputo/sapeva* ripetere solo due parole: Ugo, il suo nome, e Rosa, il nome di mia moglie. Di solito in casa lo *lasciavamo/abbiamo lasciato* libero. Giovedì scorso, per un colpo d'aria, la finestra *si apriva/si è aperta* e lui *volava/è volato* via. Era impossibile non volergli bene: *si è messo/si metteva* sulla mia spalla e *mi dava/mi ha dato* i bacini."
Mario e Rosa sono decisi a ritrovare il loro pappagallo. Così *preparavano/hanno preparato* un cartello: "Lauta mancia a chi trova pappagallo", *facevano/hanno fatto* 200 fotocopie e le *mettevano/hanno messe* in tutta la zona.
Finalmente, sabato *hanno ricevuto/ricevevano* qualche telefonata: due persone lo *vedevano/hanno visto* sopra l'autolavaggio di Viale Crispi e in Via Varese. Quindi deve essere ancora in zona: allora basta andare lì e urlare: "Ugoooooo…."

(adattato dal *Corriere della Sera*)

6 *L'orario dei miei desideri*
Completa i testi con i verbi al passato prossimo o all'imperfetto. I verbi sono in ordine.

Come conciliare l'orario di lavoro con la famiglia? Due italiani raccontano la loro esperienza.

Gianluca Sorani, 40 anni, sposato, tre figli, direttore del personale del cinema Anteo di Milano.

cominciare avere vedersi essere passare vedere avere decidere diventare volere abbandonare cambiare

"Quando ________________ a lavorare ero in sala tutte le sere, dalle 18 alla chiusura del cinema, tranne il lunedì. Mia moglie ________________ un orario d'ufficio più regolare e ________________ soltanto verso l'una di notte. I bambini ________________ piccoli, ________________ le loro giornate al nido e alla scuola materna e io li ________________ pochissimo, dalle 16 alle 18. ________________ quasi tutta la giornata libera ma nessuno con cui condividerla. E così, per tenermi impegnato, ________________ di dedicarmi al canto. In poco tempo la musica ________________ una grande passione a costo zero, tanto che ________________ dedicarmi solo a quello. ________________ questo progetto quando il mio orario di lavoro all'Anteo ________________: adesso faccio 40 ore alla settimana durante il giorno e un week-end sì e uno no. Mi piace il mio lavoro, ma vorrei un mese in più di ferie, anche senza stipendio."

Anna Dondolini, sposata, due figli, commessa.

nascere dovere costare dovere spendere guadagnare rimanere andare essere piacere proporre

"Al lavoro è sempre andato tutto bene, fino a quando ______________ i due gemelli, Petra e Davide, e ________________ licenziarmi. L'asilo nido comunale ________________ circa 250 euro per ogni bambino e in più ______________ pagare la baby-sitter. Ogni mese ______________ tutto quello che ________________ e così ________________ a casa per tre anni fino a quando i bimbi ________________ alla scuola materna. Ma non ______________ contenta perché non mi ________________ dipendere da mio marito. Adesso che i bambini sono più grandi, ho ricominciato a lavorare a tempo pieno. L'ideale sarebbe lavorare solo la mattina con un contratto part-time. Ma finora non me lo ______________ mai nessuno.".

(adattato da *Io donna*)

7 *Rifletti sulla lingua*

Dopo aver letto il testo, abbina ogni frase della colonna di sinistra con il rispettivo uso.

Ieri Michael ha iniziato un corso serale di italiano. **È entrato** in classe e **si è seduto** vicino ad una ragazza con i capelli rossi. Durante la lezione lei gli **ha sorriso** due o tre volte. Mentre l'insegnante **parlava**, Michael **si chiedeva**: "Ma dove l'ho già vista?" Alla fine della lezione lei gli ha detto ridendo: "1995... Brighton... **ci trovavamo** ogni sera al Roxy Pub…" E mentre la **ascoltava**, Michael improvvisamente **si è ricordato** del... suo primo amore!

FRASI	USI
Ieri Michael ha iniziato un corso serale di italiano.	
1. **È entrato** in classe e **si è seduto** vicino ad una ragazza con i capelli rossi.	*a. raccontare un'esperienza abituale del passato*
2. Durante la lezione lei gli **ha sorriso** due o tre volte.	*b. descrivere azioni passate che si sono svolte in modo parallelo*
3. Mentre l'insegnante **parlava**, Michael **si chiedeva**: "Ma dove l'ho già vista?"	*c. raccontare azioni passate successe una dopo l'altra*
4. Alla fine della lezione lei gli ha detto ridendo: "1995... Brighton... **ci trovavamo** ogni sera al Roxy Pub…"	*d. raccontare un'esperienza passata e conclusa avvenuta una o più volte, ma non in modo abituale*
5. E mentre la **ascoltava**, Michael improvvisamente **si è ricordato** del... suo primo amore!	*e. raccontare un'azione che si inserisce in un'altra iniziata prima.*

Le forme riflessive

- *Nelle forme riflessive il soggetto che fa l'azione è anche l'oggetto dell'azione stessa.*

Io **mi** vesto. = Io vesto *(chi?)* → me.

- *Le forme riflessive si costruiscono con i pronomi* ***mi, ti, si, ci, vi, si****. Questi pronomi concordano sempre con la persona espressa dal verbo.*

\- Come **vi vestite** per la festa?
\- Noi **ci mettiamo** qualcosa di elegante, e voi?

- *Nei tempi composti le forme riflessive vogliono sempre l'ausiliare* ***essere*** *e quindi il participio passato concorda con il soggetto.*

Susanna **si è** alzat**a** presto e **si è** vestit**a** in cinque minuti.

Pietro e Franco **si sono** divertit**i** molto alla festa.

Sabina si veste

Sabina veste Anna

VEST-IR-**SI**					
	presente		**passato prossimo**		
io	**mi**	vesto	**mi**	**sono**	vestit**o/a**
tu	**ti**	vesti	**ti**	**sei**	vestit**o/a**
lui/lei/Lei	**si**	veste	**si**	**è**	vestit**o/a**
noi	**ci**	vestiamo	**ci**	**siamo**	vestit**i/e**
voi	**vi**	vestite	**vi**	**siete**	vestit**i/e**
loro	**si**	vestono	**si**	**sono**	vestit**i/e**

La posizione dei pronomi

- *Generalmente il pronome va* ***prima*** *del verbo.*

Di solito a che ora **ti** svegli la domenica?

- *Con potere, volere, dovere, sapere, cominciare a, stare per + un verbo riflessivo all'infinito, il pronome può andare* ***prima*** *o* ***dopo*** *il nucleo verbale.*

Marco **si** vuole sposare.
Marco vuole sposar**si**.

Mi sto per lavare le mani.
Sto per lavar**mi** le mani.

- *È così anche con stare + gerundio.*

Mi sto lavando le mani.
Sto lavando**mi** le mani.

- *Con l'imperativo diretto singolare (tu) e plurale (noi/voi) i pronomi vanno sempre* ***dopo*** *il verbo.*

Forza, Michela, è tardi: lava**ti** e vesti**ti**!
Forza, bambini, è tardi: lavate**vi** e vestite**vi**!

Vari tipi di forme riflessive

Le forme riflessive si possono dividere in:

- *forma riflessiva* ***normale****: il pronome ha la funzione di oggetto diretto e coincide con il soggetto;*

  Io **mi** vesto. = Io vesto *(chi?)* → me.

- *forma riflessiva* ***apparente****: il pronome ha la funzione di oggetto indiretto e coincide con il soggetto. In questi casi l'oggetto diretto è sempre espresso;*

  Io **mi** lavo le mani. = Io lavo *(a chi?)* → a me stesso *(che cosa?)* → le mani.

- *forma riflessiva* ***reciproca****: l'effetto dell'azione ricade su entrambi i soggetti. Queste forme si possono coniugare solo al plurale;*

  Cinzia e Claudio **si** salutano. =
  Cinzia saluta *(chi?)* → Claudio +
  Claudio saluta *(chi?)* → Cinzia.

- *forma riflessiva "****d'affetto****": si usa quando si vuole intensificare il significato dell'azione espressa dal verbo.*

  Mi bevo una birra. = Bevo una birra.
  Ieri **ci** siamo visti un bel film. = Ieri abbiamo visto un bel film.

Esercizi

1 *Gina, la regina*

Completa il testo con i pronomi riflessivi.

Miao, ______ presento: sono Gina, la gatta di casa. __________ trovo bene con i miei padroni. Sono molto abitudinaria: appena ________ sveglio, la mattina, vado sul loro letto e quando loro ______ alzano, andiamo insieme in cucina e _______ sediamo a tavola. Dalla mia sedia li guardo come per dire: "______ siete dimenticati di me?". Quando finalmente la mia padrona _______ ricorda di darmi da mangiare, sono felice. Dopo la colazione _______ dedichiamo alla "toilette": anch'io ______ lavo proprio mentre loro _________ vestono per uscire. Quando sono da sola, _______ diverto molto a giocare e _________ sento la regina della casa.

2 *Riflessivi o no?*

a. Completa le frasi con i verbi al presente.

1. Daniela ______________ *(lavare)* le finestre.

2. Daniela ___________ *(lavarsi)* le mani.

3. Il macellaio ______________ *(tagliare)* la carne

4. Il macellaio __________ *(tagliarsi)* con il coltello.

5. Michela ____________ *(pettinare)* sua figlia.

6. Michela ___________ *(pettinarsi)*.

7. I bambini ______________ *(sporcare)* il tappeto.

8. I bambini ______________ *(sporcarsi)* con il gelato.

9. Francesco ______________ *(allenare)* la sua squadra.

10. Francesco ______________ *(allenarsi)*.

b. Ora trasforma le stesse frasi al passato.

❸ *Una domenica in casa*

Completa il testo con i pronomi riflessivi.

La domenica, a casa mia, è sempre la stessa storia. Mio papà passa tutto il pomeriggio in poltrona perché dice che ________ vuole rilassare leggendo il giornale o guardando la televisione. La mamma ________ arrabbia con noi bambini per il disordine e dice che __________ dimentichiamo sempre tutto in giro: "Non si trova mai niente in questa stanza! Dovete vergognar_______ di tutto questo disordine. Non siete capaci di prender_______ cura neanche delle vostre cose!" Uffa, è sempre la stessa storia. Io e mia sorella _________ impegniamo a mettere in ordine la nostra camera ma dopo un po' _______ annoiamo e lasciamo tutto com'è: a noi piace così.

❹ *Una ragazza "acqua e sapone"*

Completa il testo con i verbi riflessivi al presente e poi metti in ordine cronologico i vari paragrafi della storia. Quando hai finito, prova a rispondere alla domanda.

❑ Dopo essersi vestita, va in cucina e ________________ *(prepararsi)* un bel caffè.

❑ Quando esce dal bagno, va in camera e ________________ *(mettersi)* qualcosa di sportivo, anche se tutti i suoi colleghi ________________ *(vestirsi)* in modo piuttosto formale.

1 Alle sette, quando la radiosveglia comincia a trasmettere un po' di musica, Margherita ________________ *(svegliarsi)* ma ____________________ *(alzarsi)* solo mezz'ora dopo.

❑ Poi arriva suo fratello Paolo: tutti e due ___________________ *(sedersi)* a tavola e fanno colazione.

❑ Prima di uscire, Margherita __________________ *(lavarsi)* i denti e __________________ *(pettinarsi)*. Non ___________________ *(truccarsi)* quasi mai: le piace essere semplice.

❑ Come prima cosa, _______________ *(farsi)* una bella doccia con tanta schiuma da bagno alla rosa.

❑ Insomma, Margherita è proprio una ragazza "acqua e sapone"!

Essere "acqua e sapone" significa:

a) lavarsi con sapone molto profumato ❑
b) dedicare molto tempo all'igiene del corpo ❑
c) non truccarsi e avere un aspetto semplice e naturale ❑

5 *Amore tra i libri*

Completa il testo con i verbi riflessivi al presente o al passato prossimo. I verbi non sono in ordine. Dopo aver fatto l'esercizio, rispondi alle domande dello schema.

Anna e Domenico ________________ vent'anni fa nella biblioteca dell'università. "Quel giorno"- racconta Anna-"io dovevo dare un esame e stavo ripassando un manuale su Garibaldi e la formazione del Regno d'Italia. Domenico, invece, stava studiando un testo sulle strategie di marketing. ________________, ________________ e abbiamo cominciato a parlare. Dopo l'esame ________________ il numero di telefono. La nostra storia è cominciata così."
Anna e Domenico ________________ nel 1990: ora hanno un bellissimo bambino, Edoardo, e un lavoro di grande soddisfazione. Lei insegna all'università "Ca' Foscari" e va al lavoro passando per i canali su un vaporetto pieno di turisti. Lui, invece, è docente all'università "Bocconi" e al lavoro ci va in metropolitana. Purtroppo ________________ poco perché lavorano in due città diverse: è una vita abbastanza faticosa, soprattutto adesso che hanno un figlio, ma quando due persone ____________ ogni cosa sembra più facile.

vedersi *conoscersi* *sposarsi* *sorridersi* *volersi bene* *scambiarsi* *guardarsi*

	Anna	**Domenico**
Che facoltà hanno frequentato?		
In che città lavorano adesso?		

6 *Rifletti sulla lingua*

Segna con una X quali tipi di forme riflessive sono presenti in ogni esercizio. Ci possono essere più forme all'interno dello stesso testo.

	riflessivi normali	riflessivi apparenti	riflessivi reciproci	riflessivi d'affetto
Gina, la regina				
Riflessivi o no?				
Una domenica in casa				
Una ragazza "acqua e sapone"				
Amore tra i libri				

Il trapassato prossimo

Formazione del trapassato prossimo

- *Il trapassato prossimo è un tempo composto. Si forma con l'imperfetto di* ***avere*** *o* ***essere*** *+ il* ***participio passato*** *del verbo.*

Che bella la Sardegna! Ci **ero** già **stato** ma non l'**avevo visitata** bene.

	VISIT**ARE**		RICEV**ERE**		PART**IRE**	
io	**avevo**	visit**ato**	**avevo**	ricev**uto**	**ero**	part**ito/a**
tu	**avevi**	visit**ato**	**avevi**	ricev**uto**	**eri**	part**ito/a**
lui/lei/Lei	**aveva**	visit**ato**	**aveva**	ricev**uto**	**era**	part**ito/a**
noi	**avevamo**	visit**ato**	**avevamo**	ricev**uto**	**eravamo**	part**iti/e**
voi	**avevate**	visit**ato**	**avevate**	ricev**uto**	**eravate**	part**iti/e**
loro	**avevano**	visit**ato**	**avevano**	ricev**uto**	**erano**	part**iti/e**

Uso del trapassato prossimo

- *Il trapassato prossimo indica un'azione del passato accaduta* ***prima*** *di un'altra sempre nel passato.*

Ero stanco *(in un momento passato)* perché **avevo lavorato** molto *(prima di quel momento del passato).*

Il trapassato prossimo si trova:

- *in frasi subordinate;*

Siccome **avevo dimenticato** a casa il cellulare, non ho potuto telefonarti.

Ieri sera ho letto il libro che mi **avevi consigliato** il mese scorso.

Ho incontrato Stefania subito dopo che tu mi **avevi parlato** di lei.

- *in frasi indipendenti.*

Ieri sono stato alla Galleria degli Uffizi: non ci **ero** mai **stato** prima e mi è piaciuta moltissimo.

- Perché non prendi il treno, invece di venire in macchina? Così eviti il traffico...
- È vero, non ci **avevo pensato**!

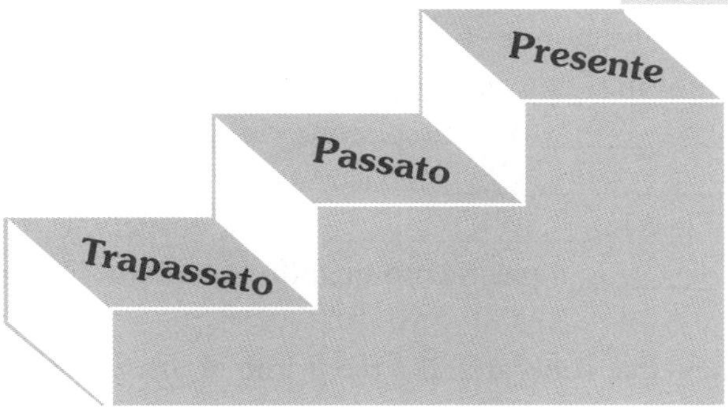

Esercizi

1 *Problemi di lavoro*

Leggi questo messaggio e-mail che Roberto ha scritto ad un suo collega e dividi i verbi in ordine cronologico, scrivendoli nella tabella, come nell'esempio.

Mercoledì, 19 dicembre
Ciao,
sono veramente arrabbiato perché ho avuto un'altra discussione con il capo. Ieri gli ho fatto vedere il progetto di cui avevamo parlato lunedì. Mi ha detto che non andava bene perché non avevo considerato alcuni aspetti, secondo lui molto importanti. Ha anche aggiunto che i clienti si erano lamentati perché non avevano ancora ricevuto i documenti che gli avevamo promesso. Quando gli ho detto che io li avevo spediti il giorno prima, mi ha risposto che avevo aspettato troppo. Insomma, non gli va mai bene niente! Scusami per lo sfogo, ma non lo sopporto più. Ciao,
Roberto

TRAPASSATO	PASSATO	PRESENTE
Lunedì 17 dicembre "PRIMA DI PRIMA"	Martedì 18 dicembre "PRIMA DI ADESSO"	Mercoledì 19 dicembre "ADESSO"
		sono

2 *Cose che capitano!*

Completa le frasi con il trapassato prossimo.

a. Avevate mal di pancia perché ________________ troppe ciliegie. *mangiare*
b. Sono andata dai carabinieri perché mi ______________ la borsa con i documenti. *rubare*
c. Ho rotto il vaso che ______________ a Volterra. *comprare*
d. Siccome ________________ il portafoglio, non ho potuto pagare il conto. *dimenticare*
e. Quando sono arrivata all'appuntamento il mio fidanzato _____ già _________ via. *andare*
f. Roberto era nervoso perché ________________ una discussione con il capo. *avere*
g. Non hai passato l'esame perché non _______________ abbastanza. *studiare*
h. Giulia era arrabbiata perché il parrucchiere le _______________ male i capelli. *tagliare*
i. La signora Luisa ________ appena _________ il pavimento quando i bambini sono entrati con le scarpe sporche. *lavare*
l. Siccome _________________ senza benzina, sono andati a piedi fino al distributore. *rimanere*

3 *Trapassato… colorato*

Ecco alcune espressioni idiomatiche con i colori. Completa le frasi con i verbi della lista al trapassato prossimo. Non sono in ordine.

a. Eravamo bianchi per la paura perché __________ appena _______________ una rapina.
b. I miei amici erano arrabbiati neri perché i loro bagagli non __________________ all'aeroporto.
c. In quel periodo vedevo tutto rosa perché _______________________ .
d. Luca era giallo come un limone perché _______________________ in ospedale per due settimane.
e. Claudia era rossa come un pomodoro perché ______________________ di aver fatto una figuraccia.
f. Avevo il conto in rosso perché _________________ troppi soldi per comprare la macchina nuova.
g. Daniela e Donato erano nerissimi perché ___________________ tanto sole durante le vacanze.
h. Franco era la pecora nera della famiglia perché __________________ con tutti i parenti.
i. Eravamo rossi come gamberi perché _______________ tutto il giorno in spiaggia.

spendere *innamorarsi* *prendere* *arrivare* *litigare* *essere* *passare* *accorgersi* *vedere*

4 *Ladro restituisce il bottino*

Completa l'articolo con i verbi al passato prossimo, all'imperfetto o al trapassato prossimo.

MILANO – È successo l'altro ieri, poco prima di mezzogiorno. Pietro L., 54 anni, è andato alla Banca Popolare di Milano. Dopo essere uscito dalla banca, l'uomo ____________ *(salire)* in macchina e _______________ *(mettere)* i soldi che ________________ *(ritirare)* in una borsa. Improvvisamente _______________ *(sentire)* un gran rumore che ______________ *(venire)* da dietro la macchina. __________________ *(lui/girarsi)* e ________________ *(vedere)* un anziano signore che _______________ *(cadere)* a terra e ________________ *(gridare)* per il dolore.
Mentre Pietro L. lo _______________ *(aiutare)* ad alzarsi, un secondo uomo ____________ *(salire)* in macchina e ______________ *(prendere)* la borsa con i soldi. Ma il signor Pietro _________________ *(accorgersi)* che i due ___________ *(essere)* dei ladri e che lo ________ appena ___________ *(derubare)*. Ne ______________ *(bloccare)* subito uno ma… sorpresa! La borsa era ricomparsa, intatta, al suo posto. Che cosa *(succedere)* ______________? Semplice: il secondo ladro, un attimo prima, la ___________________ *(rimettere)* nella macchina per aiutare il suo amico in difficoltà.

(adattato dal *Corriere della Sera*)

5 *Una vacanza sfortunata*

Questa è la lettera di protesta che un gruppo di turisti sfortunati ha scritto al direttore dell'agenzia che aveva organizzato il viaggio. Leggila e scegli il tempo giusto.

Milano, 15 gennaio 2004

Egregio Direttore,
siamo appena ritornati da un viaggio in Thailandia organizzato dal Vostro tour-operator lo scorso mese di dicembre. Il programma *comprendeva/aveva compreso* un soggiorno di due settimane a Phuket e qualche giorno a Bangkok. Purtroppo, però, la vacanza non *è andata/era andata* come programmato. I problemi *erano iniziati/sono iniziati* subito: quando siamo arrivati all'albergo, *ci siamo accorti/ci eravamo accorti* che non era vicino alla spiaggia come ci *dicevate/avevate detto* al momento della prenotazione. Infatti, per andare al mare, ogni giorno *dovevamo/avevamo dovuto* prendere un piccolo autobus che *passava/era passato* solo a orari prestabiliti e fare un viaggio di mezz'ora. Un altro fatto veramente spiacevole *era successo/è successo* la sera dell'ultimo dell'anno: dall'Italia *avevamo* già *pagato/abbiamo* già *pagato* il cenone di Capodanno, ma all'albergo *abbiamo mangiato/avevamo mangiato* solo patate e un po' di verdura. Inoltre, la birra e il vino erano caldi e da pagare come extra. Quando *abbiamo chiesto/avevamo chiesto* spiegazioni, il direttore del Vostro albergo a Phuket *era stato/è stato* molto maleducato e ci *ha risposto/aveva risposto* che non era colpa sua se in tutta l'isola non *c'era/c'era stata* l'elettricità per due giorni. Secondo lui, quel guasto *aveva bloccato/bloccava* tutto il lavoro del ristorante, che non *poteva/aveva potuto* preparare il cenone per noi. Poche ore più tardi *abbiamo scoperto/avevamo scoperto* che *toglievano/avevano tolto* l'elettricità solo al nostro albergo perché non *aveva pagato/ha pagato* la bolletta. La cosa peggiore, però, *è stata/era stata* la completa inefficienza del Vostro corrispondente: dopo la prima accoglienza in aeroporto, *è sparito/era sparito* e per tutta la durata del soggiorno non *eravamo* più *riusciti/siamo* più *riusciti* a parlare con lui.
Non *abbiamo* mai *visto/avevamo* mai *visto* la Thailandia e speravamo di fare una vacanza da sogno. In realtà il nostro soggiorno si è trasformato in un incubo del quale Vi riteniamo responsabili. Chiediamo quindi il rimborso del 50% del viaggio o saremo costretti a procedere per vie legali.
Distinti saluti,
G.V.T.

(adattato da *Grazia*)

6 *Ridendo con... il trapassato prossimo*

(da *La Settimana Enigmistica*)

- Ieri sono sceso al piano sbagliato e ho lavorato per tutto il giorno per una ditta che non avevo mai sentito.

Il futuro semplice

Forme regolari

*I verbi che finiscono in **-are** ed **-ere** hanno le stesse desinenze:*

arriv**are** → arriv**erò** conosc**ere** → conosc**erò**

	ARRIV**ARE**	CONOSC**ERE**	PART**IRE**
io	arriv**er-ò**	conoscer-**ò**	partir-**ò**
tu	arriv**er-ai**	conoscer-**ai**	partir-**ai**
lui/lei/Lei	arriv**er-à**	conoscer-**à**	partir-**à**
noi	arriv**er-emo**	conoscer-**emo**	partir-**emo**
voi	arriv**er-ete**	conoscer-**ete**	partir-**ete**
loro	arriv**er-anno**	conoscer-**anno**	partir-**anno**

*I verbi che finiscono in **-care** e **-gare** prendono una **h** in tutte le persone.*
*I verbi che finiscono in **-ciare** e **-giare** perdono la **i** in tutte le persone.*

PAGARE	COMINCIARE
pag**h**erò	comincerò
pag**h**erai	comincerai
pag**h**erà	comincerà
pag**h**eremo	cominceremo
pag**h**erete	comincerete
pag**h**eranno	cominceranno

Forme irregolari

ESSERE	DARE	FARE	STARE
sarò	darò	farò	starò
sarai	darai	farai	starai
sarà	darà	farà	starà
saremo	daremo	faremo	staremo
sarete	darete	farete	starete
saranno	daranno	faranno	staranno

Le altre forme irregolari possono essere divise in due gruppi.

Gruppo 1

ANDARE AND~~A~~RE **ANDR-**	AVERE AV~~E~~RE **AVR-**	POTERE POT~~E~~RE **POTR-**	DOVERE DOV~~E~~RE **DOVR-**	SAPERE SAP~~E~~RE **SAPR-**
andrò	avrò	potrò	dovrò	saprò
andrai	avrai	potrai	dovrai	saprai
andrà	avrà	potrà	dovrà	saprà
andremo	avremo	potremo	dovremo	sapremo
andrete	avrete	potrete	dovrete	saprete
andranno	avranno	potranno	dovranno	sapranno

VEDERE VED~~E~~RE **VEDR-**	CADERE CAD~~E~~RE **CADR-**	VIVERE VIV~~E~~RE **VIVR-**
vedrò	cadrò	vivrò
vedrai	cadrai	vivrai
vedrà	cadrà	vivrà
vedremo	cadremo	vivremo
vedrete	cadrete	vivrete
vedranno	cadranno	vivranno

Gruppo 2

VENIRE VE~~NIRE~~ **VERR-**	RIMANERE RIMA~~NERE~~ **RIMARR-**	TENERE TE~~NERE~~ **TERR-**	VOLERE VOL~~ERE~~ **VORR-**	BERE BE~~RE~~ **BERR-**
verrò	rimarrò	terrò	vorrò	berrò
verrai	rimarrai	terrai	vorrai	berrai
verrà	rimarrà	terrà	vorrà	berrà
verremo	rimarremo	terremo	vorremo	berremo
verrete	rimarrete	terrete	vorrete	berrete
verranno	rimarranno	terranno	vorranno	berranno

Uso del futuro

Il futuro si usa per:

- *parlare di azioni future;*
  Domani **arriveranno** i miei amici francesi.
- *parlare di progetti;*
  L'anno prossimo **mi iscriverò** all'università.
- *fare annunci;*
  Il treno delle ore 10:30 per Firenze **partirà** dal binario 10.
- *fare promesse;*
  Non preoccuparti: ti **aiuterò** io a finire questo lavoro!
- *fare previsioni;*
  Tra qualche anno il computer **diventerà** un normale elettrodomestico e **sarà** nelle case di tutti.
  I nati sotto il segno del Leone **avranno** fortuna in amore.
- *esprimere dubbi e fare supposizioni.*
  - Dove **sarà** Marta?
  - Boh, non l'ho vista, **sarà** ancora in riunione.

Esercizi

❶ *I progetti di una mamma*

Completa il testo con i verbi al futuro semplice.

Bambino mio, ora sei ancora piccolo, ma il tempo passa velocemente e ti prometto che _____________ del mio meglio per renderti felice. Ho tanti progetti per te.... Quando _____________ quattordici anni _____________ una scuola all'estero e così _____________ le lingue. Poi _____________ all'università, _____________ un avvocato famoso, _____________ un sacco di soldi e mi _____________ tanti regali. _____________ con una donna ricca, _____________ in una bella villa, _____________ molti figli. Quando io _____________ vecchia, _____________ ad abitare a casa tua così tu e tua moglie _____________ cura di me e _____________ tutti insieme. Ti prometto che non ti _____________ mai solo e che _____________ sempre accanto a te.

fare avere frequentare imparare andare diventare guadagnare fare sposarsi abitare avere essere venire prendersi vivere lasciare stare

❷ *Annunci... incompleti*

Completa gli annunci con i verbi al futuro semplice e scrivi negli spazi con i puntini (......................) la parola che manca.

a. La cerimonia _____________ *(tenersi)* nella .... di Santa Maria del Carmine alle ore 11:00.

b. Il .... per Venezia _____________ *(arrivare)* al binario 13 anziché al binario 9.

c. Si avvisano i signori passeggeri che, in occasione della domenica senza auto, gli .... _____________ *(circolare)* con maggiore frequenza.

d. Si avvisano i cittadini che, durante la giornata antismog, presso le piazze principali della città _____________ *(essere)* possibile noleggiare gratuitamente .... per l'intera giornata.

e. Gli stranieri _____________ *(potere)* ritirare il modulo per la richiesta del permesso di soggiorno presso la .... tutti i giorni dalle ore 9 alle ore 12.

3 *In cielo c'è una stella per ognuno di noi*

A Capodanno un gruppo di amici si ritrova per festeggiare. Stella, un'amica cartomante, legge le carte e fa previsioni per l'anno nuovo. Completa i testi con i verbi al futuro semplice.

Emilio e Virgilio, fratelli gemelli del segno dei... Gemelli (21 maggio - 20 giugno)
Se _______________ *(voi - smettere)* di fare tutto insieme, le stelle vi _____________ *(aiutare)* e _____________ *(voi - dipendere)* meno l'uno dall'altro. Il lavoro vi _______________ *(offrire)* nuove opportunità solo se *(voi-sapere)* _______________ lavorare con due mani invece che con quattro, come fate di solito! *(Avere)* _____________ molte soddisfazioni economiche e quindi *(potere)* __________ finalmente fare un bel viaggio, ma Emilio _____________ *(andare)* al Polo Nord e Virgilio in Sudafrica. Nella vita privata attenzione a non innamorarvi della stessa donna!

Charlotte, 40 anni, 75 chili, nata sotto il segno della... Bilancia (24 settembre - 23 ottobre)
Come sai, agli uomini piacciono le donne... in carne: in amore _______________ *(sedurre)* con facilità chi ti interessa... Ma attenzione alla salute: i tuoi 40 anni _______________ *(farsi)* sentire. Se _______________ *(continuare)* ad accettare inviti a cena dai tuoi corteggiatori, l'ago della bilancia _______________ *(salire)* sempre di più e _______________ *(dovere)* controllare meglio il tuo stato fisico. Quando Venere _______________ *(transitare)* nel tuo segno, ti _______________ *(dare)* nuovi stimoli per curare il tuo aspetto. Sul lavoro i tuoi collaboratori _______________ *(sapere)* apprezzare le tue capacità, ad eccezione di quella tua collega giovanissima e magrissima!

Alice, 30 anni, amante del mare, nata sotto il segno dei... Pesci (20 febbraio - 20 marzo)
Se _______________ *(tu - riuscire)* a rilassarti, _______________ *(ritrovare)* l'equilibrio che hai perso. L'acqua _______________ *(essere)* l'elemento che ti _____________ *(aiutare)* a ritrovare te stessa. Nuotare in piscina o al mare ti _________________ *(permettere)* di recuperare energia, spirito e vitalità. Facendo snorkelling o immersioni, _______________ *(vedere)* un mondo silenzioso e pieno di colori che ti _______________ *(dare)* il coraggio di affrontare meglio la vita. Datti da fare e ricorda che "chi dorme non piglia pesci"!

4 *Prima di partire*

a. Giuseppe, che si trasferirà negli Stati Uniti, scrive una lettera al fratello Ferruccio che abita lì. Completala con i verbi al futuro semplice. Non sono in ordine.

Roma, 15 ottobre

Mio caro Ferruccio,
stamattina ho fatto il biglietto. Parto il 30 di novembre, fra un mese e quindici giorni. Sono molto contento di partire perché ti ___________. Negli ultimi tempi, la vita qui era diventata difficile. Tuttavia, sono anche dispiaciuto di partire. Penso che _____________ nostalgia di alcune persone e luoghi. Non credo che _____________ nuove amicizie. Sono diventato, con gli anni, piuttosto solitario. Qui avevo alcuni amici, non molti, e mi _________________. Ma di qualcosa bisogna pur soffrire. ____________ la tua compagnia e _____________ molto per me [...]
Ti abbraccio,
Giuseppe

fare *avere* *rivedere* *mancare* *essere* *avere*

b. Completa anche la lettera di Ferruccio.

Princeton, 12 novembre

Mio caro Giuseppe,
quando ti ho telefonato in questi ultimi tempi non ti ho detto una cosa importante. Non te l'ho detta perché trovo più facile scriverla [...]: io e Anne Marie _______________ fra una settimana. Quando tu _______________, saremo già sposati. Per sposarmi non aspetto il tuo arrivo, sarebbe inutile. Non _______________ festeggiamenti, di nessun tipo. Il 30 novembre io e Anne Marie _______________ a prenderti all'aeroporto di New York. Dato che tu non hai mai visto New York, tutti e tre _______________ lì una settimana. Poi _______________ a Princeton.
Ti abbraccio,
Ferruccio

(adattato da Natalia Ginzburg, *La città e la casa*, Einaudi)

andare *venire* *sposarsi* *esserci* *arrivare* *rimanere*

5 *Mah, non so...*

Completa le frasi con i verbi al futuro semplice e poi abbina le domande alle risposte.

1. Hai visto Claudio? Viaggia molto ed è sempre abbronzatissimo.... Beato lui! Ma che lavoro fa?	a. Forse _______________ *(essere)* fuori o non _______________ *(volere)* rispondere.
2. Quanto _____________ *(costare)* quegli stivali?	b. Mah, è difficile dirlo, è sempre vestita di beige o di nero!
3. Secondo te, a Rosita ____________ *(piacere)* di più i colori chiari o scuri?	c. Mah, non so, ne ____________ *(avere)* 30: potrebbe essere sua figlia!
4. Chissà dove _______________ *(essere)* Paolo e Linda? Risponde sempre la segreteria telefonica...	d. Troppo per le mie tasche.
5. Quanti anni ha la moglie di Vincenzo?	e. Boh, _______________ *(fare)* l'animatore in un villaggio turistico.

6 *Rifletti sulla lingua*

A che cosa serve il futuro? Segna con una X quali funzioni esprime in ogni esercizio. Ci possono essere più funzioni nello stesso testo.

	parlare di azioni future	parlare di progetti	fare annunci	fare promesse	fare previsioni	esprimere dubbi/fare supposizioni
I progetti di una mamma						
Annunci... incompleti						
In cielo c'è una stella....						
Prima di partire						
Mah, non so...						

Il futuro anteriore

Formazione del futuro anteriore

- *Il futuro anteriore è un tempo composto. Si forma con il futuro di* ***avere*** *o* ***essere*** *+ il* ***participio passato*** *del verbo.*

Comprerò la casa solo quando **avrò trovato** un lavoro sicuro.

Appena **saranno arrivati** tutti gli ospiti, faremo un brindisi.

	TROV**ARE**		VEND**ERE**		USC**IRE**	
io	**avrò**	trov**ato**	**avrò**	vend**uto**	**sarò**	usc**ito/a**
tu	**avrai**	trov**ato**	**avrai**	vend**uto**	**sarai**	usc**ito/a**
lui/lei/Lei	**avrà**	trov**ato**	**avrà**	vend**uto**	**sarà**	usc**ito/a**
noi	**avremo**	trov**ato**	**avremo**	vend**uto**	**saremo**	usc**iti/e**
voi	**avrete**	trov**ato**	**avrete**	vend**uto**	**sarete**	usc**iti/e**
loro	**avranno**	trov**ato**	**avranno**	vend**uto**	**saranno**	usc**iti/e**

Uso del futuro anteriore

Il futuro anteriore si trova:

- *in frasi subordinate per esprimere un'azione futura che succede* ***prima*** *di un'altra, anch'essa futura;*

Dopo che il sindaco **avrà incontrato** i giornalisti, li accompagnerà nella visita ufficiale.

- *in frasi indipendenti per esprimere dubbi e fare supposizioni al passato.*

- Ma perché Luigi non risponde al telefono?
- Boh, non so, **sarà** già **uscito**.

Esercizi

❶ *Pinocchio e il Grillo Parlante*

Completa il dialogo con i verbi (non sono in ordine).

prenderanno dovrò farò sarai diventato succederà sarò tornato manderà andrò potrò vorrò avranno litigato avrò detto si pentiranno

■ Dimmi, Grillo: e tu chi sei?
□ Io sono il Grillo Parlante e abito in questa stanza da più di cento anni.
■ Oggi però questa stanza è mia: vai via subito.
□ Io ______________ via da qui, ma solo quando ti ___________ una grande verità. Ascoltami bene: guai a quei ragazzi che fanno i capricci e discutono con la famiglia perché, dopo che _________________ con i loro genitori, _________________ di quello che hanno fatto.
■ Canta pure, Grillo mio, tanto se ti ascolto, mi _________________ quello che succede a tutti gli altri bambini: appena ______________________ a casa, infatti, mio padre mi _______________ a scuola, _____________ studiare e non ________________ più giocare e divertirmi.
□ Povero Pinocchio! Così, quando _________________ un asino*, tutti ti _______________ in giro.
■ Stai zitto, Grillaccio! Io ____________ sempre quello che _____________ !

**asino: bambino ignorante, che non sa niente.*

❷ *Pinocchio va a scuola*

Completa il testo con i verbi al futuro semplice o anteriore (sono in ordine).

Pinocchio, con il suo bel libro nuovo sotto il braccio, prese la strada che portava a scuola. Mentre camminava faceva mille progetti, uno più bello dell'altro, e pensava:
"Oggi a scuola voglio imparare subito a leggere. Poi, dopo che ______________ a leggere, __________________ anche a scrivere. E dopo che _____________ un'intera pagina del mio quaderno con le lettere dell'alfabeto, ______________ a studiare i numeri. Poi, quando ______________ tutti i numeri, con la mia abilità _____________ molti soldi. E appena ________________ da parte un po' di denaro, ____________ al mio babbo una bella giacca di panno. Ma che dico di panno? Gliela voglio fare d'argento e con i bottoni di brillanti. Quel pover'uomo se la merita davvero: per comprarmi i libri e farmi studiare ha fatto tanti sacrifici!"

imparare imparare riempire cominciare studiare guadagnare mettere regalare

(adattato da Carlo Collodi, *Le avventure di Pinocchio*)

3 *Notizie... incomplete*

Completa le notizie con il futuro semplice o anteriore e unisci le frasi della colonna di sinistra con il finale corrispondente nella colonna di destra.

1. La legge sull'immigrazione ____________ *(diventare)* esecutiva	a. le macchine __________________ *(potere)* circolare anche nei centri storici.
2. Dopo che ______________ *(finire)* i lavori di ristrutturazione del teatro,	b. ________________ *(partecipare)* alla conferenza stampa.
3. Solo dopo che la situazione dell'inquinamento atmosferico ______________ *(tornare)* alla normalità,	c. quando il Parlamento ____________ *(approvare)* la proposta del Governo.
4. Dopo che gli attori premiati al Festival del Cinema di Venezia ________________ *(ritirato)* il premio,	d. solo dopo che Inter e Milan ___________ *(giocare)* il derby allo stadio Meazza di Milano.
5. ________________ *(noi - sapere)* il nome della squadra che _____________ *(potere)* passare alla semifinale,	e. la direzione ______________ *(offrire)* uno spettacolo gratuito ai cittadini.

4 *Che cosa pensi?*

Leggi queste situazioni e per ognuna completa le ipotesi usando il futuro semplice o anteriore.

1. *Un tuo compagno di corso da alcuni giorni non viene a lezione.*
   ______________ *(avere)* qualche problema? ________________ *(stare)* studiando per gli esami?

2. *Sei al parcheggio del supermercato: dopo aver fatto la spesa, non trovi le chiavi della tua macchina.*
   Oh no! Dove _______________________ *(metterle)*?

3. *Sono tre ore che provi a telefonare a tua nonna ma non risponde nessuno.*
   Oddio! Dove _________________ *(essere)*? Che cosa le ____________________ *(succedere)*?

4. *Entri in casa tua e ti accorgi che c'è acqua dappertutto.*
   Noooo! Da dove _________________ *(venire)* tutta quest'acqua?

5. *Sulla tua segreteria telefonica trovi un messaggio che dice che hai vinto un viaggio.*
   Figuriamoci! Mi ________________ *(loro - fare)* uno scherzo!

6. *Sull'autobus c'è un ragazzo che ti guarda insistentemente e sorride.*
   Che cosa _______________ *(volere)* da me?

5 *Che cosa sarà successo?*

Guarda i disegni e scrivi che cosa può essere successo usando il futuro semplice e anteriore.

1. *Lo avranno abbandonato. Qualcuno lo troverà e lo porterà a casa.*

2. ______________________
____
____

3. ______________________
____
____

4. ______________________
____
____

5. ______________________
____
____

6 *Ridendo con... il futuro anteriore*

(da *La Settimana Enigmistica*)

- Verremo non appena mia moglie avrà finito di riordinare la cucina.

Il passato remoto

Forme regolari

	ANDARE	VENDERE	APRIRE
io	and-**ai**	vend-**ei**/ vend-**etti**	apr-**ii**
tu	and-**asti**	vend-**esti**	apr-**isti**
lui/lei/Lei	and-**ò**	vend-**é**/vend-**ette**	apr-**ì**
noi	and-**ammo**	vend-**emmo**	apr-**immo**
voi	and-**aste**	vend-**este**	apr-**iste**
loro	and-**arono**	vend-**erono**/vend-**ettero**	apr-**irono**

- *Nei verbi regolari in* ***-ere*** *con radice terminante in* ***-t*** *non esiste la 2ª forma in -etti/-ette/-ettero.*

Forme irregolari

- *Il passato remoto ha molte forme irregolari. Di solito l'irregolarità è nella 1ª (io) e nella 3ª persona (lui/lei/Lei) singolari e nella 3ª plurale (loro).*

	ESSERE	AVERE	FARE	DARE	STARE
io	**fui**	**ebbi**	**feci**	**diedi/detti**	**stetti**
tu	**fosti**	avesti	facesti	desti	stesti
lui/lei/Lei	**fu**	**ebbe**	**fece**	**diede/dette**	**stette**
noi	**fummo**	avemmo	facemmo	demmo	stemmo
voi	**foste**	aveste	faceste	deste	steste
loro	**furono**	**ebbero**	**fecero**	**diedero/dettero**	**stettero**

VEDERE	METTERE	SCEGLIERE	BERE	VENIRE	TENERE	SAPERE
vidi	**misi**	**scelsi**	**bevvi**	**venni**	**tenni**	**seppi**
vedesti	mettesti	scegliesti	bevesti	venisti	tenesti	sapesti
vide	**mise**	**scelse**	**bevve**	**venne**	**tenne**	**seppe**
vedemmo	mettemmo	scegliemmo	bevemmo	venimmo	tenemmo	sapemmo
vedeste	metteste	sceglieste	beveste	veniste	teneste	sapeste
videro	**misero**	**scelsero**	**bevvero**	**vennero**	**tennero**	**seppero**

ROMPERE	CADERE	MUOVERE	VOLERE
ruppi	**caddi**	**mossi**	**volli**
rompesti	cadesti	movesti	volesti
ruppe	**cadde**	**mosse**	**volle**
rompemmo	cademmo	movemmo	volemmo
rompeste	cadeste	moveste	voleste
ruppero	**caddero**	**mossero**	**vollero**

La coniugazione che ha più irregolarità è quella in ***-ere****. Un modo semplice per ricordare i verbi irregolari al passato remoto è dividerli in gruppi con la stessa irregolarità.*

SCRIVERE	CONOSCERE	PRENDERE	PERDERE	VINCERE	SCOMPARIRE	NASCERE
scrissi	**conobbi**	**presi**	**persi**	**vinsi**	**scomparvi**	**nacqui**
scrivesti	conoscesti	prendesti	perdesti	vincesti	scomparisti	nascesti
scrisse	**conobbe**	**prese**	**perse**	**vinse**	**scomparve**	**nacque**
scrivemmo	conoscemmo	prendemmo	perdemmo	vincemmo	scomparimmo	nascemmo
scriveste	conosceste	prendeste	perdeste	vinceste	scompariste	nasceste
scrissero	**conobbero**	**presero**	**persero**	**vinsero**	**scomparvero**	**nacquero**
si coniugano così anche: vivere, dire, tradurre, produrre, leggere, trarre, sottrarre, ecc.	*si coniuga così anche: crescere*	*si coniugano così anche: scendere, accendere, sorridere, offendere, spendere, uccidere, concludere, rimanere, chiudere, decidere, chiedere, comporre, proporre, ecc.*	*si coniugano così anche: correre, accorgersi*	*si coniugano così anche: raggiungere, congiungere, aggiungere, convincere, ecc.*	*si coniuga così anche: apparire*	*si coniuga così anche: piacere*

Uso del passato remoto

- *Il passato remoto esprime un'azione conclusa che non ha nessuna relazione con il presente. Si alterna con l'imperfetto, che mantiene tutte le sue funzioni (vedi capitoli 3 e 4).*

> Nel 1943, mentre l'Italia era in guerra, il fascismo **cadde** e il governo provvisorio **si alleò** con gli americani.

Il passato remoto si usa:

- *per raccontare fatti storici;*

> Il 2 giugno 1946 gli italiani **votarono** per la Repubblica e il re Umberto di Savoia **andò** in esilio.

- *per scrivere biografie;*

> Giuseppe Garibaldi **nacque** a Nizza nel 1807 e **morì** a Caprera nel 1882.

- *nei testi narrativi.*

> **Entrò** il cameriere e **accese** la luce. Maggiorelli **ordinò** una birra. Il cameriere **portò** la birra, e la coppia, forse disturbata dalla luce, se ne **andò**; ma la conversazione non **rinacque**. Ormai erano anni e anni che facevano sempre gli stessi discorsi.
>
> (Carlo Cassola, "Esiliati" in *La Casa di Via Valadier*)

Il passato remoto si usa soprattutto nella lingua scritta. Nell'Italia centrale e meridionale si usa anche nella lingua parlata.

Esercizi

1 *Il re Mida*

a. Trova nel testo tutti i verbi al passato remoto e scrivili nella tabella, come nell'esempio.

Il re Mida era un grande spendaccione, tutte le sere dava feste e balli, finché ***rimase*** senza un centesimo. Andò dal mago Apollo, gli raccontò i suoi guai e Apollo gli fece questo incantesimo: "Tutto quello che le tue mani toccheranno diventerà oro".

Il re Mida era felicissimo e tornò di corsa alla sua automobile: appena aprì la portiera, la macchina diventò tutta d'oro: ruote d'oro, vetri d'oro, motore d'oro. Era diventata d'oro anche la benzina, così fu necessario far venire un carro trainato da buoi.
Appena arrivato a casa, il re Mida andava in giro per le stanze a toccare più cose che poteva: tavoli, armadi, sedie e tutto diventava d'oro. Ad un certo punto ebbe sete: bevve un bicchiere d'acqua, ma il bicchiere diventò d'oro e l'acqua anche, e dovette lasciarsi imboccare dal suo servo con il cucchiaio.

PASSATO REMOTO	INFINITO
rimase	***rimanere***

b. Adesso continua la storia del Re Mida inserendo i verbi al posto giusto.

fu diventarono andò toccò diventò dovette fece
salì disse tornò si arrabbiò si trovò aspettò

Venne l'ora di andare a tavola. Quando il re Mida ____________ il pane, anche quello ____________ d'oro e per mangiare ____________ farsi imboccare dalla regina. Gli invitati si nascondevano sotto il tavolo a ridere: il re ____________, ne afferrò uno, e gli ____________ diventare d'oro il naso, così non poteva più soffiarselo. Quando ____________ a letto, il cuscino, le lenzuola e il materasso ____________ d'oro massiccio ed erano troppo duri per dormirci. ____________ costretto a passare la notte seduto su una poltrona, con le braccia alzate per non toccare niente, e la mattina dopo era stanco morto. ____________ subito dal mago Apollo per far sciogliere l'incantesimo.
- "Va bene - gli ____________ il mago - ma stai bene attento, perché per far passare l'incantesimo ci vogliono sette ore e sette minuti giusti giusti, e in questo tempo tutto quello che toccherai diventerà cacca di mucca." Il re Mida ____________ tutto felice: stava bene attento all'orologio per non toccare niente prima che fossero passati sette ore e sette minuti. Purtroppo il suo orologio correva più del necessario e andava avanti un minuto ogni ora. Dopo aver contato sette ore e sette minuti, ____________ in macchina per tornare a casa e improvvisamente ____________ seduto in mezzo a un gran mucchio di cacca di mucca perché mancavano ancora sette minuti alla fine dell'incantesimo.

(adattatato da Gianni Rodari, *Favole al telefono*)

2 *Ricorda: 1 3 3*

Completa lo schema coniugando i verbi alla persona giusta del passato remoto.

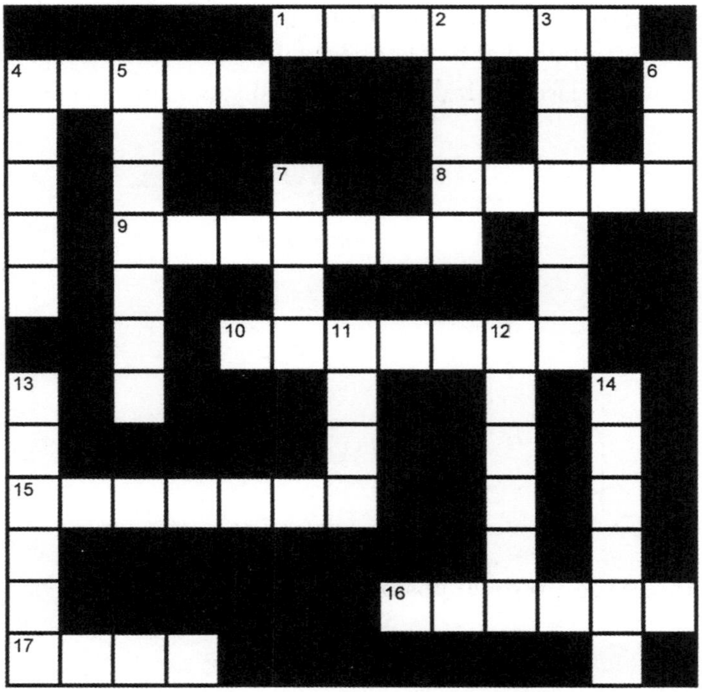

ORIZZONTALI →

1 *loro - dare*
4 *lui - volere*
8 *io - sapere*
9 *io - scrivere*
10 *loro - bere*
15 *io - conoscere*
16 *lui - chiudere*
17 *io - avere*

VERTICALI ↓

2 *io - dire*
3 *loro - rompere*
4 *io - venire*
5 *loro - leggere*
6 *io - essere*
7 *lui - mettere*
11 *io - vedere*
12 *io - rimanere*
13 *lui - nascere*
14 *io - scegliere*

3 *Alla stazione*

Passato remoto o imperfetto? Scegli il tempo giusto.

La piccola stazione era quasi deserta. Dallo stanzino con il quadro dei comandi *si affacciò/si affacciava* il capostazione e *camminò/camminava* sotto la pensilina fino ai binari. *Fu/Era* un ometto grasso con i baffi. *Accendeva/Accese* una sigaretta e *guardò/guardava* dubbioso il cielo carico di nuvole. I due operai che *aspettarono/aspettavano* il treno gli *fecero/facevano* un breve saluto e lui *rispose/rispondeva* con un cenno della testa. All'improvviso la ragazza *apparve/appariva* da dietro il cancello. *Aveva/Ebbe* un vestito a pois, delle scarpe allacciate alla caviglia e una giacca di maglia azzurra. *Portò/Portava* in mano una valigetta e una piccola borsa di paglia. Appena la *vide/vedeva*, uno degli operai *diede/dava* un colpo di gomito al compagno, che *sembrava/sembrò* distratto. La ragazza *entrava/entrò* nella sala d'aspetto chiudendo la porta dietro di sé. La stanza *era/fu* deserta. C'era una grossa stufa di ghisa in un angolo e la ragazza *si avvicinò/si avvicinava* sperando che fosse accesa. La *toccò/toccava* delusa e ci *metteva/mise* sopra il sacco di paglia... poi *si sedeva/si sedette* su una panca, *ebbe/aveva* un leggero brivido e *si prese/si prendeva* il viso tra le mani. *Restava/Restò* così a lungo, come se piangesse. La porta *si spalancò/si spalancava* ed *entrava/entrò* un uomo. *Era/Fu* alto e magro, *portava/portò* un impermeabile chiaro con la cintura e un cappello abbassato sul viso. La ragazza *scattò/scattava* in piedi e *diede/dava* un piccolo grido: "Eddie". L'uomo *si portò/si portava* un dito sulle labbra e *avanzava/avanzò* verso di lei. Prima le *sorrise/sorrideva* e poi la *prese/prendeva* fra le braccia.

(adattato da Antonio Tabucchi, "Cinema" in *Piccoli equivoci senza importanza*)

Che cosa successe dopo? Continua tu la storia.

4 *Chi, dove, quando?*

Completa questo quiz con i verbi al passato remoto e prova a indovinare la risposta corretta.

1. Chi ____________ *(essere)* l'ultimo re d'Italia? a) Vittorio Emanuele II ❑ b) Carlo Alberto ❑ c) Umberto II ❑	5. Dove ____________ *(nascere)* Dante? a) A Roma ❑ b) A Firenze ❑ c) A Venezia ❑
2. Chi ____________ *(scrivere)* i Promessi Sposi? a) Alessandro Manzoni ❑ b) Carlo Goldoni ❑ c) Luigi Pirandello ❑	6. Dove ____________ *(incontrarsi)* Garibaldi e Vittorio Emanuele II? a) A Messina ❑ b) A Roma ❑ c) A Teano ❑
3. Chi ____________ *(uccidere)* Remo? a) Annibale ❑ b) Romolo ❑ c) Scipione ❑	7. Quando Roma ____________ *(divenire)* capitale d'Italia? a) Nel 1871 ❑ b) Nel 1901 ❑ c) Nel 1790 ❑
4. Dove ____________ *(vivere)* Giulietta e Romeo? a) A Verona ❑ b) A Siena ❑ c) A Venezia ❑	8. Quando Leonardo ____________ *(dipingere)* "L'Ultima Cena"? a) Nel 1510 ❑ b) Nel 1495 ❑ c) Nel 1605 ❑

5 *La storia della pasta*

Completa il testo con i verbi al passato remoto o all'imperfetto.

L'origine della pasta è antichissima: già gli Etruschi preparavano delle lasagne di farro, un cereale simile al grano. I Romani ____________ *(fare)* un semplice impasto di farina e acqua, da cui ____________ *(ricavare)* delle lasagne che ____________ *(chiamarsi)* "lagane". Nell'XI secolo, grazie agli Arabi, la pasta era già conosciuta in tutto il bacino del Mediterraneo, ma solo in Italia ____________ *(diffondersi)* in modo eccezionale e nel 1600 ____________ *(incontrare)* il pomodoro, arrivato in Europa dall'America. All'epoca la pasta si ____________ *(mangiare)* ancora con le mani. ____________ *(essere)* solo nel 1700 che un uomo della corte di re Ferdinando II, a Napoli, ____________ *(avere)* la geniale idea di usare una forchetta, che ____________ *(permettere)* quindi alla pasta di entrare a far parte degli eleganti pranzi di tutte le corti d'Italia. Agli inizi del secolo scorso, a Napoli, ____________ *(nascere)* i primi macchinari per la produzione industriale: questa zona, infatti, ____________ *(avere)* le condizioni climatiche ideali per l'importante processo di essiccamento della pasta. ____________ *(cominciare)* da lì il lungo viaggio della pasta "c'a pummarola 'n coppa" famosa ormai in tutto il mondo con il più facile nome di "pasta al pomodoro".

(adattato da *A tutta pasta* http://tripod.members.com/franco rossi/)

6 *Paganini non ripete*

Leggi questa biografia e trasforma i verbi dal presente al passato remoto.

Niccolò Paganini, violinista e compositore, nasce a Genova nel 1782. Inizia a studiare il violino a sei anni con il padre e fa progressi sorprendenti in pochissimo tempo: compone la sua prima sonata per violino all'età di otto anni e a nove si presenta in pubblico. Quattro anni più tardi dà un concerto a Genova riportando un enorme successo. Quindi intraprende una serie di esecuzioni a Milano, Bologna e Firenze e le sue fenomenali capacità suscitano entusiasmi.
Stanco della tutela paterna, comincia a viaggiare da solo, ma questa libertà lo conduce su una cattiva strada: a soli sedici anni diventa un appassionato giocatore e perde al gioco tutti gli incassi dei suoi concerti. È così costretto a impegnare il suo violino per pagare i debiti di gioco. Nel 1813 riprende i concerti in tutta Europa. Dopo averlo sentito suonare, Schubert dice: "nell'adagio eseguito da Paganini, ho sentito cantare un angelo." La sua tecnica e le sue composizioni fanno di lui il violinista più apprezzato. Ma anche il suo aspetto fisico ha grande effetto sul pubblico: viso lungo e pallido, lineamenti forti, naso marcato, occhi d'aquila, capelli lunghi fino alle spalle e collo molto sottile... un'immagine quasi demoniaca. A causa del suo amore per il denaro, Paganini si esibisce fino a poco prima di morire. Investe i suoi capitali in un casinò, il cui fallimento lo rovina. Sul letto di morte litiga con il prete e muore senza ricevere i sacramenti: per questo non può essere sepolto in terra consacrata. Solo cinque anni più tardi il figlio ottiene il permesso dal Papa e riesce a portare i resti del padre nel cimitero di Parma.

(adattato da *Il mondo della musica*)

Sai perché si dice scherzosamente "Paganini non ripete" quando non si vuole ripetere o rifare qualcosa?

a) Perché Paganini non ripeteva mai due volte lo stesso concerto. ❑

b) Perché Paganini non concedeva mai il bis. ❑

c) Perché in ogni concerto suonava sempre un pezzo nuovo. ❑

Se vuoi ascoltare qualche brano musicale di Paganini, visita il sito *http://www.karadar.com/Dizionario/paganini.html#vita*

7 *Rifletti sulla lingua*

A che cosa serve il passato remoto? Rifletti e segna con una X quali funzioni esprime in ogni esercizio. Ci possono essere più funzioni nello stesso testo.

	raccontare fatti storici	scrivere biografie	nei testi narrativi
Il Re Mida			
Alla stazione			
Chi, dove, quando?			
La storia della pasta			
Paganini non ripete			

8 *Ridendo con... il passato remoto*

(da *La Settimana Enigmistica*)

- Certo, Ginetta, che è pericoloso attraversare il parco, di sera! Anni fa, ci conobbi tuo padre, io.

Il trapassato remoto

Formazione del trapassato remoto

- *Il trapassato remoto è un tempo composto. Si forma con il passato remoto di **avere** o **essere** + il **participio passato** del verbo.*

Dopo che **ebbero visitato** il Foro Romano, partirono per Tivoli.

Non appena il treno **fu partito** si accorsero di non avere timbrato il biglietto.

	VISIT**ARE**		PART**IRE**	
io	**ebbi**	visit**ato**	**fui**	part**ito/a**
tu	**avesti**	visit**ato**	**fosti**	part**ito/a**
lui/lei/Lei	**ebbe**	visit**ato**	**fu**	part**ito/a**
noi	**avemmo**	visit**ato**	**fummo**	part**iti/e**
voi	**aveste**	visit**ato**	**foste**	part**iti/e**
loro	**ebbero**	visit**ato**	**furono**	part**iti/e**

Uso del trapassato remoto

- *Il trapassato remoto si trova solo in frasi subordinate.*

Il medico **tornò** a casa **appena ebbe finito** le visite.
frase principale — *frase subordinata*

- *Si riferisce sempre ad un'azione del passato accaduta prima di un'altra, espressa al passato remoto.*

Quando Susy **ebbe capito** la situazione, **telefonò** a Davide per scusarsi.

- *Il trapassato remoto è introdotto da: **dopo che, quando, appena/non appena**.*

Dopo che si furono riposati, ripresero a lavorare.

Non appena fu arrivato, chiese subito notizie del figlio.

Esercizi

1 ***Le stelle alpine***
Completa il testo con i verbi al passato remoto o al trapassato remoto.

C'era una volta, a sud delle Alpi, un regno ricco e fortunato i cui abitanti vivevano felici. Il figlio del re aveva un grande desiderio: voleva andare sulla Luna. Un giorno ________________ *(perdersi)* nel bosco: dopo che ________________ *(arrivare)* la notte, ________________ *(addormentarsi)* su un prato coperto di fiori rossi. ________________ *(sognare)* di essere su un prato coperto di fiori sconosciuti e di incontrare una bellissima ragazza, che era la figlia del re della Luna. Quando ________________ *(svegliarsi)*, ________________ *(provare)* un'immensa gioia per questo sogno e ________________ *(cominciare)* a raccogliere fiori rossi. Improvvisamente ________________ *(sentire)* delle voci che venivano da una nuvola in cima ad una montagna. Non appena ________________ *(avvicinarsi)*, ________________ *(vedere)* che all'interno della nuvola c'erano due abitanti della Luna molto anziani. Dopo che il principe gli ________________ *(raccontare)* il suo desiderio, i due vecchi ________________ *(decidere)* di portarlo con sé. Sulla Luna tutto era luminoso e c'erano anche degli strani fiori bianchi che ricoprivano il paesaggio. Il principe aveva ancora in mano il mazzo di fiori rossi e la gente gli chiedeva da dove venissero. Il principe ________________ *(dire)* che era un abitante della Terra e così ________________ *(portarlo)* subito dal re della Luna. Non appena ________________ *(arrivare)* davanti al re, il principe ________________ *(riconoscere)* la bellissima ragazza del sogno, che era proprio la figlia del re. ________________ *(regalarle)* il mazzo di fiori rossi e ________________ *(chiederla)* in sposa. Dopo che ________________ *(loro - sposarsi)*, il principe ________________ *(rimanere)* a vivere lì. Ma un giorno ________________ *(accorgersi)* che la luce intensa della Luna gli faceva male agli occhi e che stava per diventare cieco. Allora ________________ *(decidere)* di ritornare sulla Terra con sua moglie. Prima di partire, la principessa ________________ *(volere)* portare con sé un mazzo di fiori bianchi: quei fiori ________________ *(diffondersi)* su tutte le Alpi e furono chiamati stelle alpine.

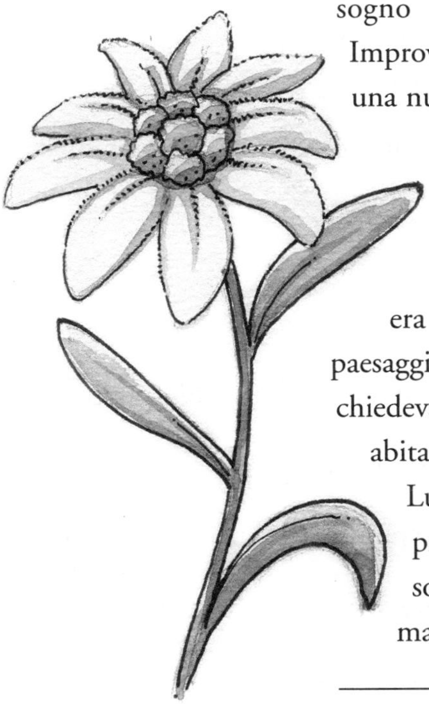

(adattato da un racconto di Annamaria Nagler, in *www.altabadia.org*)

Le forme impersonali

- *I verbi impersonali si chiamano così perché non si riferiscono ad un soggetto determinato. Si coniugano solo alla 3ª persona singolare.*

Per spegnere la lavatrice **basta** premere questo tasto. (*chiunque deve premere il tasto = soggetto indeterminato*)

- *Sono impersonali:*

  - i verbi meteorologici: ***piovere, piovigginare, diluviare, nevicare, grandinare*** *e l'espressione* ***fare caldo/freddo****;*

Siamo in primavera, ma **piove** e **fa freddo**.

  - ***bisogna + infinito****;*
  - ***è + avverbio + infinito****.*

Bisogna sempre **rispettare** gli altri.
È meglio studiare le lingue straniere da piccoli.

- *Alcuni verbi che hanno una coniugazione personale molto spesso sono usati in modo impersonale:*

Forma personale

Dieci euro ti **bastano** per comprare il gelato?

Per fare la torta **occorre** mezzo chilo di farina.

Mi **servono** gli occhiali per leggere.

Forma impersonale

basta / conviene / occorre / serve / dispiace } ***+ infinito***

Basta avere 18 anni per partecipare al concorso.

Conviene partire prima delle cinque.

Occorre studiare molto per passare l'esame.

Non **serve fare** promesse se poi non si mantengono.

Dispiace sempre **dire** di no ad un amico.

accade / capita / succede } ***+ di + infinito***

Accade spesso **di giudicare** male una persona

Capita a tutti **di sbagliare**.

Qualche volta **succede di arrabbiarsi** per cose stupide.

è / diventa / sembra/pare } ***+ aggettivo + infinito***

Diventa sempre più **difficile trovare** un lavoro.

Sembra facile insegnare l'italiano agli stranieri, ma non sempre è così.

I verbi impersonali nei tempi composti

- *I verbi meteorologici nei tempi composti possono avere l'ausiliare* ***essere*** *o* ***avere****.*

Nell'inverno del 1985 in Italia **è/ha nevicato** moltissimo.

- *I verbi usati in modo impersonale vogliono sempre l'ausiliare* ***essere****.*

È capitato a tutti di sbagliare almeno una volta!

La costruzione impersonale

- *Tutti i verbi possono essere usati in modo impersonale con la costruzione:*

Si + verbo alla 3ª persona singolare

In Italia **si vive** bene.

- *Se dopo un verbo transitivo c'è un sostantivo, il verbo deve concordare con esso:*

Si + verbo 3ª pers. sing. + sost. sing.

In Italia **si mangia** spesso **la pasta**.

Si + verbo 3ª pers. plur. + sost. plurale

In Italia **si mangiano** spesso **gli spaghetti**.

In questo caso il "si" è passivante, cioè rende la frase passiva (vedi cap. 18).

- *Se il verbo è riflessivo, la forma impersonale si costruisce così:*

Ci + si + verbo 3ª pers. sing.

In vacanza **ci si alza** più tardi.

- *Se la forma impersonale contiene un aggettivo, quest'ultimo va messo al plurale maschile.*

Quando **si diventa** vecch**i**, **ci si sente** più sol**i**.

Esercizi

1 ***Il tempo pazzo***
Completa la poesia inserendo il verbo meteorologico giusto.

Marzo pazzo, dicono qui,
ma ormai è sempre così.
___________ ad aprile?
Chiudi casa e vai in Brasile!

___________ a maggio?
Su, dai, fatti coraggio!

A giugno ___________
e sei raffreddato?
Non mangiare il gelato!

E se in luglio e in agosto
___________ grosso,
non tremare,
nell'autunno potrai
sperare.

A Natale ___________ e
tu non sai che fare? Togli
gli sci e vai al mare!

2 ***Matrimonio all'italiana***
Trasforma il testo coniugando i verbi sottolineati con il "si" impersonale o passivante, come nell'esempio.

Sei invitato a un matrimonio di amici italiani e non sai che cosa ti aspetta?
Ecco quali sono le nostre tradizioni riguardo alle nozze.
Innanzitutto, per annunciare un matrimonio mandiamo un biglietto che si chiama "partecipazione". Se invece vogliamo invitare qualcuno anche al ricevimento, spediamo due biglietti: la partecipazione e l'invito. E per il regalo? Di solito facciamo una lista di nozze in un negozio e indichiamo i regali che ci piacerebbe ricevere: è più pratico sia per gli sposi che per gli invitati. Qualche giorno prima delle nozze facciamo una festa: lo sposo esce da solo con i suoi amici e la sposa con le sue amiche. La sera prima del matrimonio, invece, non possiamo vedere il futuro sposo perché porterebbe sfortuna. Dopo la cerimonia, all'uscita dalla Chiesa o dal Comune, buttiamo il riso agli sposi: infatti diciamo che il riso porta fortuna e... tanti bambini! Alla festa, come sempre in Italia, mangiamo e beviamo moltissimo: spesso stiamo a tavola per ore e ore. Alla fine della giornata regaliamo una bomboniera* ad ogni invitato e offriamo confetti** bianchi a tutti.

Per annunciare un matrimonio ***si manda*** *un biglietto che si chiama "partecipazione"...*

* *bomboniera: piccola scatola che contiene confetti.*

** *confetti: dolci fatti di mandorle ricoperte di zucchero.*

3 *Il galateo a tavola*

Completa questo testo utilizzando il "si" impersonale o passivante. Attenzione ai verbi riflessivi!

Sei invitato a una cena formale e non sai come _***ci si comporta***__ a tavola?
Ricordati queste regole del galateo.
Non _______________ *(sedersi)* a tavola prima della padrona di casa e non _____________ *(potere)* cominciare a mangiare prima di lei. Il tovagliolo ____________ *(mettere)* sulle ginocchia e non intorno al collo. Non _________________ *(appoggiare)* i gomiti sulla tavola e non ___________ *(servirsi)* direttamente dal piatto di portata con la propria forchetta. Non _________ *(soffiare)* sul cibo o su una bevanda troppo calda. Prima di bere, ____________ *(pulirsi)* la bocca con il tovagliolo. Attenzione agli spaghetti: non _____________ *(tagliare)* con il coltello e per mangiarli non ______________ *(aiutarsi)* con il cucchiaio. Se rimane del sugo nel piatto, non lo ____________ *(raccogliere)* con un pezzetto di pane*. Se _____________ *(avere)* il raffreddore non ______________ *(soffiarsi)* il naso davanti a tutti: eventualmente _______________ *(alzarsi)* e _____________ *(allontanarsi)*. E, infine, non ______________ *(usare)* gli stuzzicadenti. Insomma, un buon comportamento a tavola è fatto di tanti "non".

(adattato da *www.tigulliovino.it/galateo*)

***Qual è l'espressione che si usa per dire "raccogliere il sugo nel piatto con un pezzetto di pane"?**

a) Fare il panino. ❑ b) Fare la calzetta. ❑ c) Fare la scarpetta. ❑

4 *Quello che agli italiani sembra strano...*

Trasforma le frasi mettendo alla forma impersonale con il "si" le parti sottolineate, come nell'esempio. Poi segna le abitudini che sembrano strane anche a te.

1. Nei paesi arabi *le persone non si abbracciano* in pubblico.
2. In Messico l'orario non è così importante: se arriviamo a cena a casa di qualcuno con un'ora di ritardo non è un problema.
3. In Etiopia non possiamo chiedere ad una persona che lavoro fa: è offensivo.
4. In Finlandia quando siamo ospiti a casa di qualcuno, non possiamo dire di no a una bella sauna.
5. In molte zone dell'India le persone mangiano con le mani per gustare meglio il cibo.
6. In Svezia in casa le persone non stanno con le scarpe: camminano a piedi nudi o con le pantofole.
7. In Corea le persone ubbidiscono sempre a chi è più vecchio.
8. In Giappone la gente non si soffia il naso in pubblico.
9. In Inghilterra le persone non scrivono con la penna rossa per fare gli auguri a qualcuno.
10. In Austria la gente non va a cena a casa di qualcuno con un dolce.

(adattato da Silvia Locatelli, *Elle Italia* in Tiscali Viaggi)

1. Nei paesi arabi *non ci si abbraccia* in pubblico.
2. In Messico ________________________________
3. In Etiopia ________________________________
4. In Finlandia ________________________________
5. In molte zone dell'India ________________________________
6. In Svezia ________________________________
7. In Corea ________________________________
8. In Giappone ________________________________
9. In Inghilterra ________________________________
10 In Austria ________________________________

5 *Quello che degli italiani sembra strano...*

Trasforma le frasi utilizzando le seguenti forme impersonali. Poi segna quali di queste abitudini ti sembrano più strane.

bisogna/occorre + infinito | *è meglio/sufficiente/necessario/importante/normale + infinito*

In Italia...

1. Di solito non si regalano fazzoletti.
____

2. In una conversazione informale si può interrompere chi sta parlando per esprimere la propria opinione.
____

3. Normalmente i giovani abitano con la famiglia fino ai trent'anni, a volte anche di più.
____

4. Per fare gli auguri si può fare solo una telefonata, non si deve necessariamente scrivere un biglietto.
____

5. In una cena formale, di solito ci si siede a tavola alternando un uomo e una donna.
____

6. Prima di un esame, per augurare buona fortuna, si preferisce dire "in bocca al lupo" e non "tanti auguri".
____

7. Normalmente le persone parlano ad alta voce e gesticolano.
____

8. Non ci si siede mai a tavola in tredici: dicono che porti sfortuna.
____

6 *Rifletti sulla lingua*

Leggi queste frasi, scegli la forma corretta del verbo e segna se è usato in modo personale (P) o impersonale (I).

	P	I
1. Come dice il proverbio, *è meglio/siamo meglio* essere soli che male accompagnati.	❑	❑
2. Tutti sanno che *occorre/occorrono* riflettere prima di agire.	❑	❑
3. Gli amici *servono/serve* soprattutto nei momenti difficili.	❑	❑
4. A volte *capita/capitano* cose che non riusciamo a spiegare con la ragione.	❑	❑
5. *È meglio/Sono meglio* non voltarsi mai indietro e guardare sempre avanti.	❑	❑
6. Le persone oneste *diventa/diventano* sempre più rare.	❑	❑
7. Le bugie hanno le gambe corte: *conviene/convengono* dire sempre la verità.	❑	❑
8. Per essere felici *bastano/basta* poche cose.	❑	❑
9. Non pensiamo al peggio: *bisogniamo/bisogna* essere ottimisti!	❑	❑
10. *Occorre/Occorrono* perseveranza per raggiungere i propri obiettivi.	❑	❑

Il condizionale

- *Il condizionale è un modo verbale che ha due tempi:*

  - *il **condizionale semplice;***
  - *il **condizionale composto**.*

Io, al tuo posto, **lavorerei** meno.
Io, al tuo posto, **avrei lavorato** meno.

Condizionale semplice

Forme regolari

	LAVOR**ARE**	METT**ERE**	PART**IRE**
io	lavor**er**-**ei**	metter-**ei**	partir-**ei**
tu	lavor**er**-**esti**	metter-**esti**	partir-**esti**
lui/lei/Lei	lavor**er**-**ebbe**	metter-**ebbe**	partir-**ebbe**
noi	lavor**er**-**emmo**	metter-**emmo**	partir-**emmo**
voi	lavor**er**-**este**	metter-**este**	partir-**este**
loro	lavor**er**-**ebbero**	metter-**ebbero**	partir-**ebbero**

*Il condizionale si costruisce in modo molto simile al futuro: nei verbi in **-are** la "a" dell'infinito diventa "e":*
lavor**are** ➔ lavor**erò** ➔ lavor**erei**

*I verbi che finiscono in **-care** e **-gare** prendono una **h** in tutte le persone.*
*I verbi che finiscono in **-ciare** e **-giare** perdono la **i** in tutte le persone.*

PAGARE	COMINCIARE
pag**h**erei	comincerei
pag**h**eresti	cominceresti
pag**h**erebbe	comincerebbe
pag**h**eremmo	cominceremmo
pag**h**ereste	comincereste
pag**h**erebbero	comincerebbero

Forme irregolari

Tutti i verbi che sono irregolari al futuro lo sono anche al condizionale:
essere ➛ **sar**ò ➛ **sar**ei.

ESSERE	DARE	FARE	STARE
sarei	darei	farei	starei
saresti	daresti	faresti	staresti
sarebbe	darebbe	farebbe	starebbe
saremmo	daremmo	faremmo	staremmo
sareste	dareste	fareste	stareste
sarebbero	darebbero	farebbero	starebbero

Le altre forme irregolari possono essere divise in due gruppi.

Gruppo 1

ANDARE AND~~A~~RE **ANDR-**	AVERE AV~~E~~RE **AVR-**	POTERE POT~~E~~RE **POTR-**	DOVERE DOV~~E~~RE **DOVR-**	SAPERE SAP~~E~~RE **SAPR-**
andrei	avrei	potrei	dovrei	saprei
andresti	avresti	potresti	dovresti	sapresti
andrebbe	avrebbe	potrebbe	dovrebbe	saprebbe
andremmo	avremmo	potremmo	dovremmo	sapremmo
andreste	avreste	potreste	dovreste	sapreste
andrebbero	avrebbero	potrebbero	dovrebbero	saprebbero

VEDERE VED~~E~~RE **VEDR-**	CADERE CAD~~E~~RE **CADR-**	VIVERE VIV~~E~~RE **VIVR-**
vedrei	cadrei	vivrei
vedresti	cadresti	vivresti
vedrebbe	cadrebbe	vivrebbe
vedremmo	cadremmo	vivremmo
vedreste	cadreste	vivreste
vedrebbero	cadrebbero	vivrebbero

Gruppo 2

VENIRE VEN~~IRE~~ **VERR-**	RIMANERE RIMAN~~ERE~~ **RIMARR-**	TENERE TEN~~ERE~~ **TERR-**	VOLERE VOL~~ERE~~ **VORR-**	BERE BE~~RE~~ **BERR-**
verrei	rimarrei	terrei	vorrei	berrei
verresti	rimarresti	terresti	vorresti	berresti
verrebbe	rimarrebbe	terrebbe	vorrebbe	berrebbe
verremmo	rimarremmo	terremmo	vorremmo	berremmo
verreste	rimarreste	terreste	vorreste	berreste
verrebbero	rimarrebbero	terrebbero	vorrebbero	berrebbero

Condizionale composto

- *Il condizionale composto si forma con il condizionale semplice di **avere** o **essere** + il **participio passato** del verbo.*

Barbara **sarebbe partita** per il Kenia, ma all'ultimo momento ha avuto dei problemi in famiglia... Peccato! **Avrebbe lavorato** per un progetto interessante.

	LAVOR**ARE**		PART**IRE**	
io	**avrei**	lavor**ato**	**sarei**	part**ito/a**
tu	**avresti**	lavor**ato**	**saresti**	part**ito/a**
lui/lei/Lei	**avrebbe**	lavor**ato**	**sarebbe**	part**ito/a**
noi	**avremmo**	lavor**ato**	**saremmo**	part**iti/e**
voi	**avreste**	lavor**ato**	**sareste**	part**iti/e**
loro	**avrebbero**	lavor**ato**	**sarebbero**	part**iti/e**

Uso del condizionale

CONDIZIONALE SEMPLICE	CONDIZIONALE COMPOSTO
• *esprimere desideri nel presente o nel futuro;*	• *esprimere desideri che non si sono realizzati nel passato o che non si possono realizzare nel presente e nel futuro;*
Mi **piacerebbe** studiare canto.	Da bambino mi **sarebbe piaciuto** studiare canto (*ma non l'ho fatto*).
L'estate prossima **verrei** volentieri in vacanza con voi.	L'estate scorsa **sarei venuto** volentieri in vacanza con voi (*ma non l'ho fatto*).
	Domani devo studiare. Peccato! **Sarei venuto** con te al mare.
• *dare consigli o esprimere opinioni in modo meno diretto;*	• *esprimere disappunto per azioni non realizzate;*
Fabio, **dovresti** cambiare lavoro.	Fabio, **avresti dovuto** cambiare lavoro.
Daniela, al posto tuo io **andrei** da uno specialista.	Daniela, al posto tuo io **sarei andata** da uno specialista.
Mi **sembrerebbe** più giusto dirlo anche a tuo padre.	Mi **sarebbe sembrato** più giusto dirlo anche a tuo padre.

CONDIZIONALE SEMPLICE	CONDIZIONALE COMPOSTO
● *dare notizie non confermate al presente o al futuro;* Secondo indiscrezioni, attualmente l'attore Raoul Bova **sarebbe** in vacanza a Capri.	● *dare notizie non confermate al passato;* Secondo indiscrezioni, l'estate scorsa l'attore Raoul Bova **sarebbe stato** in vacanza a Capri.
● *chiedere qualcosa in modo gentile.* Mi **daresti** un altro foglio, per favore? **Potresti** aiutarmi ad apparecchiare la tavola?	-----------
--------------	● *esprimere il "futuro nel passato" cioè un'azione che è futura rispetto ad un momento del passato*.* **Sapevo** benissimo che Luca non **avrebbe accettato** quelle condizioni di lavoro.

* *Per ulteriori approfondimenti sul futuro nel passato vedi i capitoli 17 e 21.*

Per dare un consiglio si usa:

- un verbo al condizionale alla ***1ª persona singolare:***
Al posto tuo, ***io*** *andrei* a casa.

oppure

- il verbo ***dovere*** *o* ***potere*** *al condizionale alla*
2ª persona singolare + l'infinito:
*(**Tu**) dovresti/potresti* andare a casa.

Esercizi

1 *Cambiare vita*

a. Leggi questo testo e sottolinea i verbi al condizionale come nell'esempio.

Amelia sta sognando di cambiare vita: "***Lascerei*** subito la mia città, anche domani, e partirei per l'Africa. Lavorerei per una ONG e mi dedicherei soprattutto ai bambini: mi piacerebbe insegnargli a leggere e a scrivere. In quel modo, metterei la mia esperienza di insegnante al servizio di chi ne ha veramente bisogno e mi sentirei più utile alla nostra società. Sarebbe proprio una bella opportunità che mi cambierebbe la vita."

b. Anche Paolo ha gli stessi desideri di Amelia. Trasforma il testo alla 1ª persona plurale.

Amelia e Paolo stanno sognando di cambiare vita: "*Lasceremmo* subito la nostra città...

c. A volte i desideri diventano realtà. Fra qualche giorno Amelia e Paolo partiranno per l'Africa. Pensa a come dicono le stesse cose e trasforma il testo al futuro.

"*Lasceremo* la nostra città…

d. Completa questa tabella coniugando il verbo "cambiare".

	Condizionale	Futuro
io	....	....
tu	....	....
lui/lei/Lei	*cambierebbe*	*cambierà*
noi	....	....
voi	....	....
loro	....	....

Che somiglianze ci sono tra il condizionale e il futuro?

2 *Ognuno porta qualcosa*

Laura ha molti amici stranieri e sta organizzando una festa internazionale con la collaborazione di tutti. Coniuga al condizionale semplice i verbi e poi cerca di capire con quale amico Laura sta parlando.

Pablo (Spagna)	Jean (Scozia)	Aida (Marocco)	Valérie (Francia)
Yutta (Austria)	Heleni (Grecia)	Xiao Yi e Yen (Cina)	Takako (Giappone)

________________ (*tu - fare*) lo *tzatziki*? __________ (*andare*) benissimo per l'antipasto!

________________ (*tu - potere*) portare del salmone affumicato? ________________ (*essere*) perfetto per delle tartine!

________________ (*tu - prepararci*) una bella *tempura*?

Ci ________________ (*piacere*) assaggiare il tuo *cous-cous*. Ce lo fai?

E tu ____________ (*pensare*) al dolce? __________ (*avere*) voglia di preparare una torta Sacher?

E voi ________________ (*portare*) degli involtini primavera? A tutti ______________ (*piacere*) molto!

________________ (*tu - aiutarmi*) a fare il *gazpacho*? Non so come si fa...

E infine ______________ (*mancare*) il vino. Ne ____________ (*tu - portare*) qualche bottiglia?

3 ***Consigli***

Leggi le situazioni e poi abbinale al consiglio corrispondente. Per poterlo fare devi coniugare al condizionale semplice i verbi dati sotto (non sono in ordine) e poi inserirli al posto giusto nella colonna di destra.

SITUAZIONE	CONSIGLIO
1. Ho così tanto sonno che non riesco a tenere gli occhi aperti...	**a.** Ma sei matta?? Io non ci ***penserei*** due volte e ____________ con lui!
2. Filippo mi ha chiesto se voglio andare con lui alla Sagra della Fragola, ma io devo studiare per l'esame della patente...	**b.** Io ____________ dei bucatini all'amatriciana* e il vitello tonnato. E per dolce ____________ fare una bella macedonia.
3. Che cosa portiamo a Cinzia per la cena di stasera?	**c.** Ma sta nevicando e fa un freddo cane! Io ____________ a casa e ____________ un bel libro.
4. Non so se andare a sciare o se restare a casa...	**d.** Io ____________ un paio di bottiglie di Nebbiolo che è un ottimo vino rosso da pasto.
5. Che cosa faccio da mangiare questa sera? Vengono Luigi e Vicky a cena...	**e.** Al posto tuo io mi ____________ un caffè doppio o, meglio ancora, ____________ un po': dopo un bel pisolino ti sentirai meglio!

potere leggere riposarsi comprare uscire
bere fare ~~pensare~~ rimanere

1______ 2______ 3______ 4______ 5______

Se vuoi sapere come si preparano i bucatini all'amatriciana, vai a pag. 97.

4 *Castelli in aria*

Completa le 3 interviste di pag. 81 con i verbi al condizionale semplice e poi indica in quale dei tre castelli pubblicizzati qui sotto vorrebbero alloggiare queste persone.

Immaginate per un momento di poter trascorrere un fine settimana da sogno in un castello. Quale di questi alberghi "principeschi" ________________________ (voi - scegliere)?

Castelli d'Italia

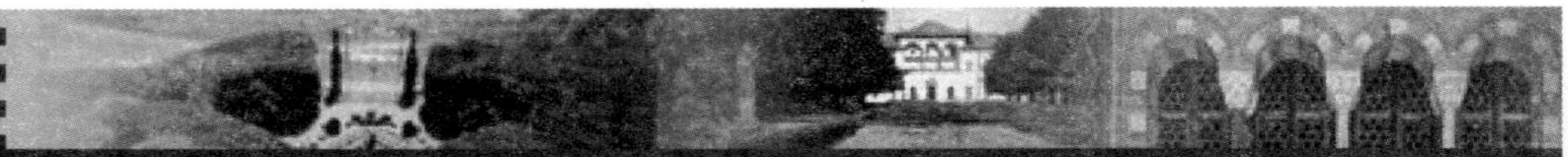

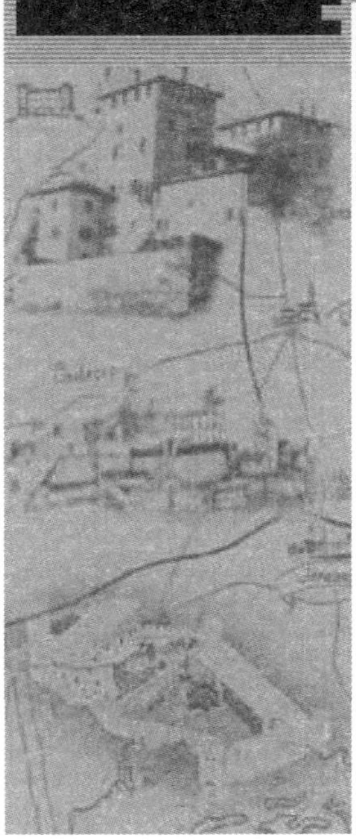

Hotel "Schloss Mondschein"	Hotel "Il castello del Cinghiale"	Hotel "Le Ville"
Questo magnifico castello medievale, ristrutturato nel 1999, è ora un accogliente albergo di prima categoria. Si trova in una zona tranquilla, circondato da castagni e vigneti: perfetto per una vacanza rilassante e raffinata.	Situato nel cuore della Maremma, questo castello del XVI secolo offre ai suoi ospiti una vacanza unica: mare, equitazione e passeggiate nella natura sono a portata di mano. Ottima cucina con specialità tipiche e prodotti fatti in casa.	Elegante castello del Settecento, trasformato in albergo con camere spaziose e confortevoli. Situato nei pressi di Vicenza, magnifica città d'arte, offre anche la possibilità di visitare le famose ville cinquecentesche del Palladio.

Giorgio e Francesca

Francesca: "Sia io che mio marito siamo appassionati d'arte e i nostri due figli studiano al liceo classico. Questa ci ____________________ (*sembrare*) un'ottima soluzione. A Giorgio ____________________ (*piacere*) visitare quella zona perché non ci è mai stato. Io invece ci ________________ (*andare*) volentieri per rivedere quei capolavori del Rinascimento che mi hanno sempre affascinato. E, infine, i nostri figli ____________________ (*vedere*) dal vivo quello che studiano solo sui libri e ______________________ (*noi - fare*) una vacanza «intelligente», diversa dalle solite. Qualche giorno all'Hotel .... è quello che abbiamo sempre sognato".

Mauro e Anna

Mauro: "________________ (*volere*) concederci un po' riposo. ________________ (*essere*) bello passare qualche giorno in una zona tranquilla, fuori dal caos dei grandi centri urbani e turistici. Nel tempo libero ci dedichiamo all'enologia e stiamo frequentando un corso per sommelier: in questa zona ________________ (*avere*) l'opportunità di mettere «in pratica» i nostri studi. Per questo non abbiamo dubbi sulla scelta: l'Hotel .... !"

Paolo e Teresa

Teresa: "Paolo ama camminare, io invece preferisco prendere il sole. Alba e Francesca, le nostre due bambine, adorano gli animali. Cosa vuoi di più? Un albergo da sogno, comode spiagge per me, una natura intatta per Paolo. Le nostre figlie__________________ (*andare*) a cavallo e __________________ (*divertirsi*) moltissimo, io __________________ (*passare*) la giornata in acqua, mio marito ogni mattina ____________________ (*partire*) per lunghe gite nell'interno. E la sera, tutti insieme al castello, __________________ (*assaggiare*) le specialità della cucina toscana. Queste sono le ragioni per cui l'Hotel .... è il luogo ideale per noi".

5 *Castelli... infranti*

Purtroppo le persone intervistate non sono riuscite a passare neanche un giorno in quei castelli. I loro sogni non si sono realizzati: ora raccontano quello che avrebbero potuto fare. Trasforma i testi dell'esercizio 4 utilizzando il condizionale composto invece del condizionale semplice.

Giorgio e Francesca

Eh, sì, sarebbe stato proprio bello! A Giorgio ___***sarebbe piaciuto***_____ visitare quella zona, perché non c'è mai stato. Io invece ci…

Mauro e Anna

___***Avremmo voluto***___ concederci un po' di riposo…

Paolo e Teresa

Sarebbe stata la vacanza ideale per tutti. Le nostre figlie ___***sarebbero andate***__ a cavallo e…

6 *Sei il solito...!*

Coniuga i verbi al condizionale composto e completa le frasi con un aggettivo della lista.

1. *Moglie* - Stamattina _______________ (*dovere*) uscire di casa molto prima. Lo sapevi che _______________ (*trovare*) traffico! Così _________________ (*arrivare*) puntuale in ufficio. Sei il solito ……..……...!

2. *Moglie* - E poi io non __________________ (*prendere*) la macchina ma __________________ (*andare*) in ufficio a piedi: __________________ (*tu - muoversi*) un po' e tu ne hai bisogno per mandare giù quella pancetta! Sei il solito …………….........…!

3. *Moglie* - Come mai non mi hai chiamato per sapere com'era andata la visita dal medico? Non te ne fregava niente, vero? Io al posto tuo __________________ (*fare*) almeno una telefonata! Pensi solo a te stesso! Sei il solito …………….........…!

4. *Moglie* - E poi ________________ (*potere*) almeno fare la spesa e preparare qualcosa da mangiare! Lo sapevi che __________________ (*io - tornare*) tardi! E invece, appena sei arrivato a casa ti sei messo a leggere il giornale. Sei il solito …………….........…!

5. *Moglie* - E sei andato ancora da tua madre!! Ci sei già stato tre volte questa settimana. _____________________ (*essere*) sufficiente un colpo di telefono e basta. Sei il solito …………….........…..!

6. *Moglie* - E perché al ristorante hai preso il tiramisù? Io ______________________ (*ordinare*) una bella macedonia, fresca e leggera! Lo sapevi che poi non ________________ (*digerire*). Sei il solito ....!

7. *Marito* - E io perché ti ho sposato? Non ______________ mai __________ (*dovere*) farlo!!

pigrone *goloso* *ritardatario* *maschilista* *egoista* *mammone*

7 *"Il condizionale è d'obbligo"*

Leggi le seguenti notizie e trasforma al condizionale semplice o composto quando necessario.

a. Ieri sera un cittadino statunitense è stato aggredito da due malviventi. Secondo i testimoni, i ladruncoli sono tossicodipendenti conosciuti nella zona. Non si conosce esattamente la dinamica del fatto: i due hanno cercato di rubare la macchina fotografica, il turista si è difeso e loro sono scappati in motorino.

b. Secondo dati non ancora confermati ufficialmente, una università italiana ha scoperto un nuovo farmaco contro l'emicrania. Sembra che questa patologia colpisca più del 7% delle donne. Secondo alcune fonti, il farmaco è in via di sperimentazione da circa due anni e dà ottimi risultati.

c. Secondo voci non confermate, le condizioni di salute delle due gemelle siamesi ricoverate al Gaslini di Genova sono migliorate. Secondo fonti non ufficiali, le due bambine lasceranno l'ospedale tra pochi giorni.

d. Secondo alcuni operai testimoni del fatto, la grande nave da crociera in costruzione nei cantieri di Porto Marghera è stata attaccata dalle fiamme durante una fase della lavorazione. Sconosciute le ragioni del rogo: secondo i pompieri, il fuoco è partito da una delle cabine mentre, secondo la società, si tratta di un errore umano. La perizia ufficiale dell'incidente inizierà entro la fine del mese.

8 *Rifletti sulla lingua*

A che cosa serve il condizionale? Segna con una X quali funzioni esprime in ogni esercizio. Ci possono essere più funzioni nello stesso testo.

	esprimere desideri	dare consigli o esprimere opinioni	esprimere disappunto	dare notizie non confermate	chiedere qualcosa in modo gentile	esprimere il futuro nel passato
Cambiare vita						
Ognuno porta qualcosa						
Consigli						
Castelli in aria						
Castelli infranti						
Sei il solito...!						
"Il condizionale è d'obbligo"						

Concordanze dei tempi dell'indicativo

Frase principale al presente → Frase subordinata

So che
presente

azione futura →
Marco **andrà/va** in montagna la settimana prossima.
futuro/presente ➔ per indicare un'azione futura rispetto a quella della principale

azione contemporanea →
Marco **va** in montagna.
presente ➔ per indicare un'azione contemporanea a quella della principale

Marco **sta andando** in montagna.
"stare + gerundio" al presente ➔ per indicare un'azione in corso

azione passata →
Marco **è andato** in montagna la settimana scorsa.

Marco, da bambino, **andava** spesso in montagna.
passato prossimo o imperfetto ➔ per indicare un'azione passata rispetto a quella della principale, secondo le funzioni tipiche dei due tempi (vedi capitoli ad essi relativi)

Frase principale al passato → Frase subordinata

Ho saputo che
passato prossimo

Sapevo che
imperfetto

Avevo saputo che
trapassato prossimo

Seppi che
passato remoto

azione futura →
Marco **sarebbe andato/andava** in montagna la settimana dopo.
condizionale composto/imperfetto ➔per indicare un'azione futura rispetto a quella della principale

azione contemporanea →
Marco **andava** in montagna.
imperfetto ➔ per indicare un'azione contemporanea a quella della principale

Marco **stava andando** in montagna.
"stare + gerundio" all'imperfetto ➔ per indicare un'azione in corso

azione passata →
Marco **era andato** in montagna la settimana prima.

Marco, da bambino, **andava** spesso in montagna.
trapassato prossimo o imperfetto ➔ per indicare un'azione passata rispetto a quella della principale, secondo le funzioni tipiche dei due tempi (vedi capitoli ad essi relativi)

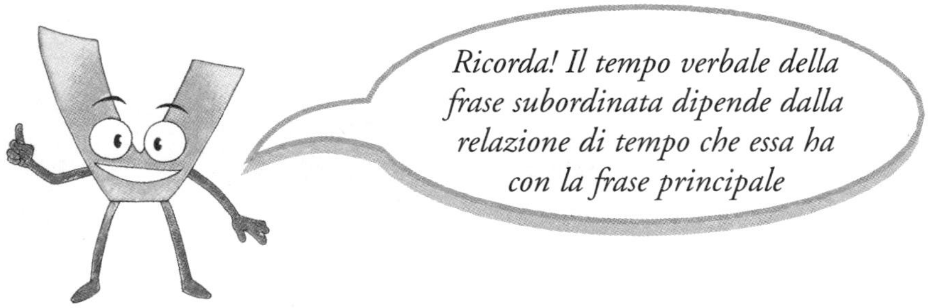

Esercizi

1 ***La scala dei tempi***

a. Leggi questo testo e scrivi su ogni gradino della scala il verbo che si riferisce ad ogni giorno della settimana, come nell'esempio.

Oggi sono molto contenta perché ieri mi ha telefonato Marco per dirmi che era tornato il giorno prima dal Senegal. Domani verrà in ufficio e venerdì sera mi farà vedere le foto.

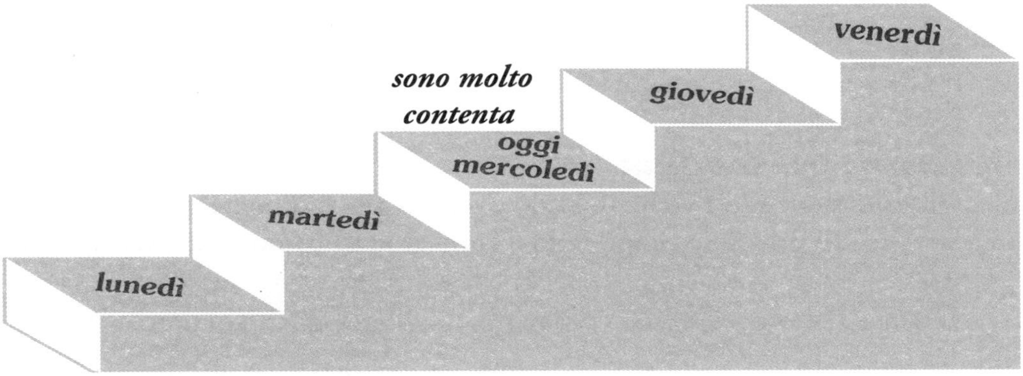

b. Trasforma al passato il testo: attenzione perché cambiando il tempo "di partenza" cambiano anche tutti gli altri.

Mercoledì scorso *ero* molto contenta perché il giorno prima mi *aveva telefonato* Marco per dirmi che

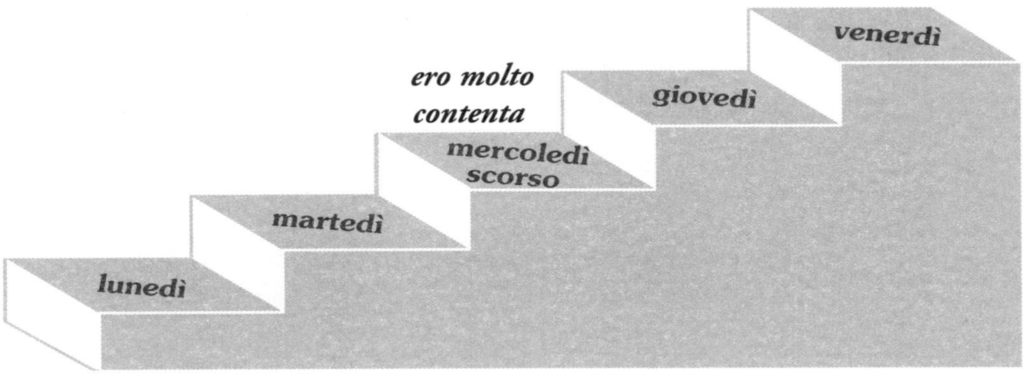

2 *Che dimenticanza!*

Scegli il tempo giusto.

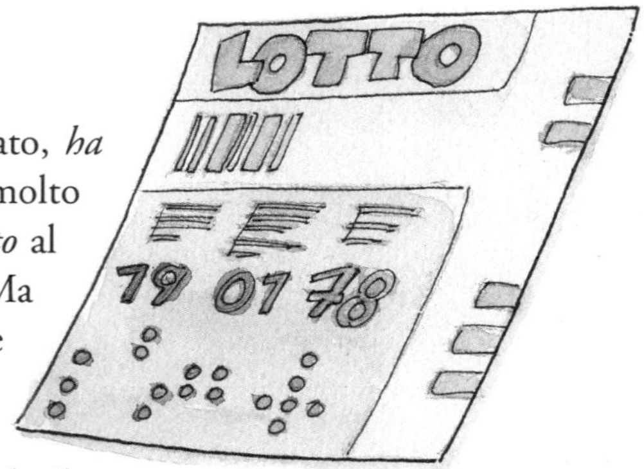

Qualche giorno fa il signor Giovanni B., 80 anni, pensionato, *ha perso/perdeva* un'occasione da 35 milioni di euro. Come? Da molto tempo, serio e puntuale, ogni settimana *giocava/aveva giocato* al lotto sempre gli stessi numeri e *ha speso/spendeva* un euro. Ma il 3 agosto scorso *si dimenticava/si è dimenticato* di giocarli e quei numeri *sono usciti/erano usciti*. "Quel giorno *mi ero dimenticato/mi dimenticavo* di giocare... un vero peccato" ha detto il pensionato con molta calma e sangue freddo. Quando il signor Giovanni ha saputo che *aveva perso/ha perso* l'occasione della sua vita, ha detto semplicemente che gli dispiaceva perché *avrebbe potuto/potrebbe* fare un po' di regali a parenti e nipotini. E poi ha aggiunto che *era/era stato* convinto che un giorno o l'altro *vincerebbe/avrebbe vinto*. Il signor Giovanni, però, non *si era arreso/si arrende*: "Fra qualche settimana *ricomincerò/ricomincerebbe* a giocare ancora e sempre gli stessi numeri. Forse *ci sarà stata/ci sarà* un'altra occasione!"

(adattato dal *Corriere della Sera*)

3 *Giro del mondo in... bicicletta*

Completa il testo mettendo i verbi al modo e tempo giusti. Puoi scegliere tra presente, passato prossimo, trapassato prossimo, imperfetto e condizionale composto. I verbi sono in ordine.

Due ragazzi francesi, Xavier e Isabelle Vayron, sono stati protagonisti di un viaggio molto speciale che è durato due anni ed ______________ e finito in bicicletta. Pedalando pedalando i due ragazzi ______________ cinque continenti. "Il nostro viaggio ______________ una missione precisa" - racconta Isabelle - "______________ registrare musiche locali tradizionali e collezionarle in un album. Ma la musica ____________ solo un pretesto, in realtà ci ______________ anche l'idea di incontrare gente, sentire voci, vedere volti, scoprire culture diverse dalla nostra. Molti ci avevano detto che ______________ pazzi e che forse ______________ male il conto dei chilometri da percorrere. Invece, già prima della partenza, noi ______________ benissimo che ______________ un'esperienza estremamente faticosa, ma che ci ______________ grandi emozioni."

E infatti è stato così. Al ritorno in Francia, i due ragazzi hanno deciso di condividere il loro viaggio con tutti quelli che lo desiderano: basta visitare il sito *www.paris-pekin.org* per partecipare a ogni emozione e a ogni istante dell'incredibile avventura.

(adattato da *Anna*)

cominciare attraversare avere volere essere
piacere essere fare sapere essere dare

4 *Dal sogno alla realtà*

a. Completa il testo con i verbi della lista.

Anna Bastianon, 35 anni, un mese fa ha fatto quello che lei chiama "il grande salto": da segretaria a tassista. "Era un'idea che avevo in testa da quando ______________ bambina. Mio papà ________________ il tassista e quando ______________ dal lavoro ______________ sempre storie divertenti sui suoi clienti. Poi non ci ______________ più e ________________ a lavorare in una grande azienda, dove ___________________ per 15 anni. Un paio di anni fa ________________ insoddisfatta del mio lavoro e non ________________ più gli orari fissi dell'ufficio. In quel periodo mio padre _____________________ in pensione e così io ______________ la sua licenza e _________________ le dimissioni dall'azienda. Ero sicura che la mia vita ______________________ in meglio: adesso _______________ molto più serena e non cambierei il mio lavoro per nulla al mondo."

faceva	*ho pensato*	*ho iniziato*	*ero*	*mi sentivo*	*era appena andato*	*sono rimasta*
sarebbe cambiata	*ho preso*	*ho dato*	*raccontava*	*sono*	*rientrava*	*sopportavo*

b. Coniuga i verbi al tempo corretto: puoi scegliere tra presente, imperfetto, passato prossimo, trapassato prossimo, futuro, condizionale composto.

Ernestina Ruffo oggi ha 59 anni e all'età di 50 anni ha avuto il coraggio di rivoluzionare la sua vita. Ci racconta come è andata. "Ho lavorato per molti anni in un'agenzia di pubblicità, poi a 40 anni ________________ (*aprire*) un mio studio di grafica. Ma già allora _______________ (*avere*) un sogno nel cassetto: _______________ (*volere*) aprire un ristorante. ____________ (*avere*) una casa al lago d'Orta e un giorno ho saputo che lì vicino ________________ (*loro - cercare*) un gestore per un circolo di campagna. Non _______________ (*io - avere*) molti soldi e mi sono detta: «se non comincio da qui, non lo ___________ (*fare*) mai». Così io e mia figlia ________________ (*prendere*) in gestione il circolo. ____________________ (*inaugurarlo*) con una festa il giorno di Sant'Antonio, quando si ammazza il maiale. In quel periodo io ________________ (*finire*) da poco un corso per sommelier ed ________________ (*fare*) uno stage da Enzo de Pra, uno dei migliori cuochi italiani. Mi avevano detto che ________________ (*essere*) difficile, ma io ci ho creduto ed è andata bene. Qualche anno dopo mia figlia mi ________________ (*proporre*) di trasferirci in Liguria, a Sestri Levante, e così ________________ (*noi - aprire*) la nostra "Trattoria della Mandrella". La parte più divertente del mio nuovo lavoro è la creazione di nuovi piatti: ogni settimana ________________ (*io - inventare*) ricette con i fiori, i menù colorati a base di rosso, giallo, verde; le serate a tema con piatti al formaggio, ai funghi, alla cioccolata. ______________ (*noi - avere*) la lista di dolci più lunga della città. ________________ (*io - realizzare*) il mio sogno, ma mi sembra ancora di sognare."

(adattato da *Gioia*)

5 *Lettera a un'amica*

Julia ha partecipato al programma di interscambio universitario Erasmus e ha passato un anno in un'università italiana. Ha scritto una lettera alla sua amica Ingrid, che tra qualche giorno partirà per l'Italia per fare la stessa esperienza. Completa il testo con i tempi verbali giusti.

Cara Ingrid,

come stai? Io benissimo, ma sono un po' triste perché tra un mese _______________ (dovere) *tornare a Madrid. I mesi passati in Italia* _______________ (essere) *molto belli e divertenti anche se, quando* _______________ (arrivare), *non* _______________ (essere) *facile.* _______________ (dovere) *cercare un appartamento da condividere con altri studenti e qui a Milano gli affitti* _______________ (essere) *molto cari. Ero giù di morale anche perché* _______________ (avere) *problemi con la lingua:* _______________ (capire) *l'italiano ma non* _______________ (riuscire) *a parlarlo. Per fortuna all'università* _______________ (organizzare) *corsi di italiano proprio per noi studenti Erasmus: li* _______________ (frequentare) *e così, nel giro di qualche mese,* _______________ (potere) *seguire le lezioni e* _______________ (dare) *sei esami in un anno! Nella tua lettera mi dici che* _______________ (essere) *un po' preoccupata perché* _______________ (essere) *qui da sola e non* _______________ (conoscere) *la città. Quando sono arrivata a Milano anch'io ero molto confusa, ma tutti mi dicevano che* _______________ (abituarsi) *in fretta: ti sembrerà strano, ma è stato proprio così!* _______________ (tu - vedere) *che sarà tutto molto più facile del previsto: dopo che* _______________ (superare) *l'impatto dei primi giorni,* _______________ (trovarsi) *benissimo. La prima cosa che dovrai fare quando* _______________ (andare) *all'Università è presentarti all'Ufficio Affari Internazionali con il tuo passaporto, i documenti relativi alla borsa di studio Erasmus e tre fotografie formato tessera, così* _______________ (loro - potere) *registrare il tuo arrivo. Solo dopo che ti* _______________ (loro - dare) *il tuo numero di matricola come studente straniero,* _______________ (potere) *accedere a tutti i servizi dell'università e* _______________ (avere) *diritto alla tessera per i mezzi pubblici con la tariffa per gli studenti. Anch'io, prima di venire qui, sapevo che* _______________ (io - avere) *dei momenti di difficoltà: naturalmente ci sono stati, ma il mio soggiorno in Italia è stato talmente positivo che* _______________ (rifare) *tutto volentieri!*

In bocca al lupo, allora!

A presto, baci

Julia

6 *I pensieri di nonno Domenico*

Leggi questo testo e poi trasformalo al passato facendo tutti i cambiamenti necessari.

Sorrento, 10 agosto, ore 15:10. È una bellissima giornata di sole: sono in spiaggia sdraiato sotto l'ombrellone e sto dormendo. Mi sveglio perché suona il cellulare. Torno improvvisamente alla realtà: è mio figlio Massimiliano che mi telefona da Londra per dirmi che è diventato papà. Si è sposato due anni fa con una ragazza inglese e oggi è nata Gabriella. Mi alzo di botto, picchio la testa contro l'ombrellone, comincio a camminare sulla spiaggia senza una direzione precisa. Sono così confuso e felice che non vedo dove metto i piedi. Appena finisco di parlare con lui, comunico la bella notizia a mia moglie, a parenti e amici. Tutti mi dicono: "Auguri, nonno Domenico!" Mi siedo sotto l'ombrellone e comincio a pensare... "Io nonno?" Sono contento, ma mi sento improvvisamente vecchio. Per di più, la mia nipotina crescerà in Inghilterra, parlerà inglese e non ci capiremo mai. Mi domando come farò a giocare con lei, come le chiederò un bacino, come le dirò "Gabriè, bell'o nonno, damme nu vase"*. Che cosa posso fare? Studierò l'inglese... o forse no: le insegnerò il napoletano, così non dimenticherà mai le sue radici italiane!

(adattato da una lettera pubblicata sul *Corriere della Sera*)

* *"Gabriella, bella del nonno, dammi un bacio", in dialetto napoletano.*

Cinque anni dopo, sulla stessa spiaggia di Sorrento, Gabriella sta giocando con nonno Domenico: i due vanno molto d'accordo e si capiscono benissimo... Il nonno ripensa al giorno in cui ha ricevuto la notizia della nascita della nipotina...

Il 10 agosto di cinque anni fa *era* una bellissima giornata di sole: *ero* in spiaggia sdraiato sotto l'ombrellone... ______________________________

L'imperativo

- *L'imperativo è un modo che si usa con quattro persone: tu, Lei, noi, voi.*

> Paolo, **metti** una firma qui! *(tu)*
> Signor Pesenti, **metta** una firma qui! *(Lei)*
> **Mettiamo** una firma qui! *(noi)*
> Ragazzi, **mettete** una firma qui! *(voi)*

- *Esiste anche l'imperativo con "Loro", ma è molto formale; per questo di solito si usa il "voi".*

> Signori, **mettano** una firma qui! *(Loro)*
> Signori, **mettete** una firma qui! *(voi)*

- *L'imperativo con "voi", quindi, è usato sia per il plurale informale (tu ➔ voi) che per il plurale formale (Lei ➔ voi).*

> Guido e Pietro, **mettete** una firma qui!
> Signori Pesenti, **mettete** una firma qui!

Forme regolari

L'imperativo si forma così:

- *con **"TU"**:*
  *i verbi che finiscono in **-are** prendono una **-a**;*
  *i verbi che finiscono in **-ere** e **-ire** prendono una **-i**;*

> Nicola, ascolt**a** il mio consiglio: prend**i** le tue decisioni con calma e segu**i** il tuo istinto.

- *con il **"LEI"** formale:*
  *i verbi che finiscono in **-are** prendono una **-i**;*
  *i verbi che finiscono in **-ere** e **-ire** prendono una **-a**;*

> Signor Vizzo, ascolt**i** il mio consiglio, prend**a** le Sue decisioni con calma e segu**a** il Suo istinto.

- *con **"NOI"** e **"VOI"**:*
  l'imperativo si coniuga come il presente indicativo.

> Ragazzi, ascolt**ate** il mio consiglio, prend**ete** le vostre decisioni con calma e segu**ite** il vostro istinto.

	TU	LEI (formale)	NOI	VOI (informale e formale)
ascoltare	ascolt-**a**	ascolt-**i**	ascolt-**iamo**	ascolt-**ate**
prendere	prend-**i**	prend-**a**	prend-**iamo**	prend-**ete**
seguire	segu-**i**	segu-**a**	segu-**iamo**	segu-**ite**
finire	fin-**isc-i**	fin-**isc-a**	fin-**iamo**	fin-**ite**

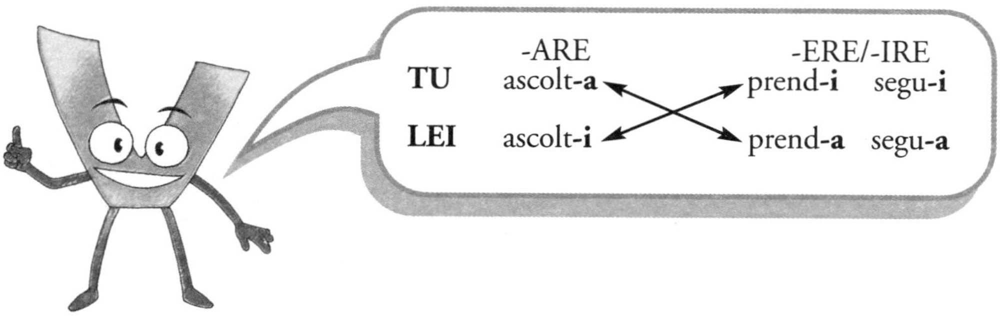

Forme irregolari

	TU	LEI (formale)	NOI	VOI (informale e formale)
andare	**va'/vai**	**vada**	andiamo	andate
fare	**fa'/fai**	**faccia**	facciamo	fate
dare	**da'/dai**	**dia**	diamo	date
stare	**sta'/stai**	**stia**	stiamo	state
dire	**di'**	**dica**	diciamo	dite
essere	**sii**	**sia**	siamo	**siate**
avere	**abbi**	**abbia**	abbiamo	**abbiate**
sapere	**sappi**	**sappia**	sappiamo	**sappiate**
uscire	esci	**esca**	usciamo	uscite
raccogliere	raccogli	**raccolga**	raccogliamo	raccogliete
rimanere	rimani	**rimanga**	rimaniamo	rimanete
salire	sali	**salga**	saliamo	salite
scegliere	scegli	**scelga**	scegliamo	scegliete
spegnere	spegni	**spenga**	spegniamo	spegnete
tenere	tieni	**tenga**	teniamo	tenete
togliere	togli	**tolga**	togliamo	togliete
venire	vieni	**venga**	veniamo	venite

Nei verbi *andare, fare, dare, stare, dire,* l'apostrofo alla fine della parola indica la caduta della *i*: **va~~i~~ → va'.**

La 3ª persona singolare e plurale dell'imperativo *(Lei/Loro)* è uguale al congiuntivo presente *(vedi il capitolo 15).*

Forme negative

- *L'imperativo negativo con "TU" si forma con* ***non + infinito.***

Nicola, **non prendere** decisioni senza riflettere.

- *Per tutte le altre persone:* ***non + imperativo.***

Signor Vizzo, **non prenda** decisioni senza riflettere.

Ragazzi, **non prendete** decisioni senza riflettere.

	TU	LEI (formale)	NOI	VOI (informale e formale)
ascoltare	**non** ascolt**are**	**non** ascolt**i**	**non** ascolt**iamo**	**non** ascolt**ate**
prendere	**non** prend**ere**	**non** prend**a**	**non** prend**iamo**	**non** prend**ete**
seguire	**non** segu**ire**	**non** segu**a**	**non** segu**iamo**	**non** segu**ite**

Uso dell'imperativo

La parola "imperativo" viene dal latino "imperare" che significa "comandare". In realtà, non serve solo per "dare ordini", ma ha anche altre funzioni molto più utilizzate nella comunicazione quotidiana. Infatti si usa per:

- *richiamare l'attenzione;*

  - **Senta, scusi,** per Piazza Mazzini?

- *dare istruzioni;*

  - **Prenda** la prima a destra. Al semaforo **giri** a sinistra e poi **segua** sempre le indicazioni per il centro storico.

- *dare consigli;*

  - Dottore, come posso fare per dimagrire un po'?
  - Se vuole perdere qualche chilo, signora, **non mangi** dolci, **non beva** alcolici e **cammini** almeno 15 minuti al giorno.

- *dare il permesso di fare qualcosa;*

  - Che caldo! Marco, posso aprire la finestra?
  - Sì, **aprila**, **aprila** pure!

- *dare ordini.*

  - Bambini, **state** un po' fermi, **non gridate** e **smettete** di fare rumore!

Esercizi

1 *Formale o informale?*

Leggi le frasi e segna se l'imperativo usato è con il "tu" o con il "Lei".

	tu	Lei
1. Scusa, dov'è Via Giovanna D'Arco?	❏	❏
2. Scriva nome e cognome in stampatello.	❏	❏
3. Senti, perché non andiamo a piedi anziché in macchina?	❏	❏
4. Non compri questo modello, prenda l'altro: è più economico.	❏	❏
5. Scusi, posso passare? Devo solo chiedere un'informazione.	❏	❏
6. Compili il modulo e lo spedisca a questo indirizzo.	❏	❏
7. Spegni il telefonino, per favore.	❏	❏
8. Senta, dov'è la fermata del 7?	❏	❏

❷ *Come si fa?*

Completa i dialoghi con le desinenze dell'imperativo. Se hai bisogno di aiuto, guarda gli infiniti nei riquadri.

In ufficio

■ Chiara, sent____, sai come si usa *Outlook*, il programma per la posta elettronica? Devo mandare un'e-mail e non so come si fa…

□ Sì, è facile. Apr_____ l'applicazione, selezion____ "nuovo messaggio" dal menu. Mett____ l'indirizzo del destinatario in alto e poi scriv____ il tuo messaggio. Quando hai finito prem____ "invia". A questo punto il tuo messaggio va nella cartella "posta in uscita". Ci sei?

■ Sì, fin qui ho capito.

□ Bene. Adesso per spedirlo clicc____ sull'icona "invia e ricevi". Inserisc____ la tua password e schiacci____ "invio". Per vedere se il tuo messaggio è stato inviato, guard_____ se è nella cartella "posta inviata".

■ Grazie mille, adesso faccio una prova. Posso usare questo computer?

□ Certo.

sentire aprire selezionare mettere scrivere premere cliccare inserire schiacciare guardare

In albergo

■ Buongiorno, chiamo dalla camera 14. Potrebbe dirmi come si spegne l'aria condizionata?

□ Sì, certo, signora. Gir___ la manopola verso destra e la mett___ sullo zero. Poi prem___ il bottone rosso a sinistra.

■ Grazie, molto gentile. Mi scus____, posso farLe un'altra domanda?

□ Certo, mi dic____.

■ È possibile fare chiamate esterne da questo telefono?

□ Sì, ma prima di fare il numero, digit____ il codice 014.

■ Molte grazie, arrivederci.

□ Prego, arrivederci.

girare mettere premere scusare dire digitare

3 *Vivi in un mondo migliore!*

Ricostruisci la poesia: completa il testo con l'imperativo informale singolare (tu) e poi cerca la seconda parte di ogni frase nella colonna di destra. Lasciati trasportare dalla rima!

*Il decalogo dei CoCoRiCò**

* COnsumatori, COscienti, RIciclanti, COmpatibili

1. Guardati intorno e non ________________ (*fare*) rum**ore**.	a. in un mondo più pulito potrai respirare.
2. ________________ (*pensare*) e ____________ (*agire*) nel bene di tutti:	b. scende lo spreco, sale il morale.
3. ______________ (*usare*) i piedi e in macchina non ____________ (*andare*):	c. ricorda che il mondo l'hai avuto in omaggio.
4. Non ________________ (*calpestare*) chi sembra perdente:	d. meno discariche, più materie prime.
5. _______________ (*piantare*) un albero anche in città:	e. accendi il cervello, spegni il televis**ore**.
6. ________________ (*consumare*) di meno, che non ti fa male:	f. un mondo di forti non serve a un bel niente.
7. ________________ (*scegliere*) prodotti con poco imballaggio:	g. il seme che pianti darà buoni frutti.
8. ________________ (*riciclare*) carta, vetro, lattine:	h. di un mondo diverso sarai orgoglioso.
9. ________________ (*sorridere*) per strada a chi è pensieroso:	i. per rendere la Terra un po' più accogliente!
10. Non ________________ (*stare*) da solo, ma _______________ (*cercare*) altra gente	l. l'effetto serra, vedrai, sparirà.

(adattato da *Come solidarietà*)

1. __E__ 2.____ 3.____ 4.____ 5.____ 6.____ 7.____ 8._____ 9._____ 10._____

4 *Viaggia in modo diverso!*

Completa il testo con i verbi all'imperativo informale singolare (tu). I verbi sono in ordine.

> ~~*visitare*~~ *andare guardare ascoltare chiedere viaggiare fare essere imparare avere comprare spendere cercare rimanere provare*

1. Non ___***visitare***____ i musei: è meglio cercare il presente, non il passato.
2. ______________ in un bar e _____________ la gente che c'è: se qualcuno ti parla, ______________ quello che ti dice!
3. Per strada, ______________ informazioni a qualcuno con la faccia simpatica: la miglior guida turistica è chi abita nel posto.

4. ______________ da solo o con il tuo partner. Non _____________ viaggi di gruppo: anche se sono meno faticosi, non ti permettono di entrare nella cultura del Paese che stai visitando.
5. ____________ aperto: osserva come vivono gli altri e _____________ il più possibile da loro. Le differenze arricchiscono l'anima.
6. Se non parli la lingua, non _____________ paura: c'è sempre un modo per comunicare.
7. Non _______________ troppe cose: _____________ i soldi a teatro, al ristorante o per un'escursione.
8. Non _____________ di vedere il mondo in un mese: ______________ in una città almeno 4 o 5 giorni. È meglio che visitare 5 città in una settimana!
9. Visita pure i monumenti più importanti, ma ______________ anche a passeggiare senza meta per il piacere di scoprire da solo qualcosa che cambierà la tua vita.

(adattato da Paulo Coelho, "Il mio diverso modo di viaggiare" in *Il Corriere della Sera*)

5 *In quali situazioni si trovano queste persone?*
Completa questi dialoghi con i verbi all'imperativo formale singolare (Lei).

1. ■ ____________ (*venire*) pure, tocca a Lei. _________________ (*compilare*) il modulo in tutte le sue parti.
□ Ha una penna?
■ Ecco, ____________ (*tenere*). ________________ (*scrivere*) in stampatello. _________________ (*indicare*) il Suo paese di origine, la Sua data di nascita, la residenza e il numero di passaporto. Quando ha finito ________________ (*dare*) questa ricevuta allo sportello n° 5 e ________________ (*attendere*) il suo turno.

2. ■ ____________ (*scusare*), posso chiederLe una cosa?
□ ____________ (*dire*) pure.
■ Devo stare a letto o posso alzarmi?
□ Può alzarsi, ma _____________ (*stare*) attento quando si muove, non _____________(*togliere*) la fasciatura e _______________ (*usare*) sempre le stampelle.
■ E se mi fa male?
□ In quel caso, ________________ (*rimanere*) a letto e vedrà che tra pochi giorni andrà meglio. _____________ (*sapere*) che per guarire ci vuole pazienza, ___________ (*avere*) fiducia!

3. □ ____________ (*sentire*), sono in Piazza Garibaldi, come faccio a venire da Lei?
■_______________ (*andare*) sempre dritto fino al secondo semaforo, _____________ (*prendere*) la seconda strada a destra e _______________ (*attraversare*) la piazza: è l'edificio giallo proprio lì davanti. Non può sbagliare. ______________ (*entrare*), ______________ (*salire*) al secondo piano e _______________ (*chiedere*) di me.

Hai capito che situazioni sono?

Situazione 1: ______________ **Situazione 2:** ______________ **Situazione 3:** ______________

L'imperativo con i pronomi

Quando è accompagnato da pronomi, l'imperativo si costruisce così:

- *con **"TU"**, **"NOI"**, **"VOI"** il pronome si mette **dopo** il verbo e forma con esso una sola parola;*

Devi scrivere questa lettera, è urgente, scrivi**la** subito!

Dobbiamo scrivere questa lettera, è urgente, scriviamo**la** subito!

Dovete scrivere questa lettera, è urgente, scrivete**la** subito!

- *con il **"LEI"** formale, invece, il pronome si mette **prima** del verbo;*

Deve scrivere questa lettera, è urgente, **la** scriva subito!

- *con le forme **di'**, **fa'**, **va'**, **da'**, **sta'** + un pronome o le particelle "ci" e "ne" la **consonante raddoppia**.*

Dimmi la verità! **Dimmela**, per favore!

Fa' la spesa, **falla** subito!

Va' alla stazione, **vacci** appena puoi!

Attenzione: con il pronome "gli", la consonante non raddoppia.

Quando arriva Mauro, **dagli** le chiavi dell'ufficio.

Quando è negativo, l'imperativo con i pronomi si costruisce così:

- *con **"TU"** il pronome può essere **prima** o **dopo** il verbo all'infinito (quando è dopo, bisogna togliere la -e dell'infinito e formare una sola parola);*

Non ti preoccupare/**Non** preoccupar**ti**, Gino, vedrai che andrà tutto bene.

- *con il **"LEI"** formale il pronome va **prima** del verbo;*

Non si preoccupi, ingegner Bianchini, vedrà che andrà tutto bene!

- *con **"NOI"** e **"VOI"** il pronome può andare **prima** o **dopo** il verbo.*

Non preoccupiamo**ci/Non ci** preoccupiamo, andrà tutto bene!

Non preoccupate**vi/Non vi** preoccupate, ragazzi, vedrete che andrà tutto bene!

Esercizi sull'imperativo con i pronomi

1 *Giusto o sbagliato?*

Indica quali frasi sono giuste (G) e quali sbagliate (S).

	G	S
1. Paola, non alzareti, rimani seduta!	❑	❑
2. Signorina, vada all'ufficio postale, ci vada subito!	❑	❑
3. Se non sei convinto di questa proposta, dillo subito!	❑	❑
4. Signora Rossetti, siedasi, accomodisi pure!	❑	❑
5. Che belle le tue scarpe! Fammele vedere!	❑	❑
6. Francesca, ricordati di pagare la bolletta, fallo subito!	❑	❑
7. Gabriele, aiuta tuo fratello, dagli una mano!	❑	❑
8. Matteo, mi dai il pallone! Me lo dai subito!	❑	❑

Adesso correggi le frasi sbagliate.

a) ______________________________

b) ______________________________

c) ______________________________

2 *Bucatini all'amatriciana*

Completa questa ricetta con i verbi all'imperativo plurale (voi). Inserisci anche i pronomi dove necessario. Se hai bisogno di aiuto, puoi usare i verbi della lista (non sono in ordine).

Ingredienti:

350 gr. di bucatini oppure di spaghetti
100 gr. di pancetta in una fetta sola
300 gr. di polpa di pomodoro
50 gr. di pecorino grattugiato
una cipolla piccola
un pezzetto di peperoncino rosso
olio extravergine d'oliva
sale

Tagliate la pancetta a cubetti e __________ in due cucchiai di olio. __________ la cipolla e __________ al soffritto insieme al peperoncino. Versate la polpa di pomodoro e __________ il sugo per qualche minuto. Nel frattempo __________ sul fuoco una pentola di acqua con un po' di sale. Quando l'acqua bolle, __________ i bucatini. __________ al dente e __________ con il sugo e il pecorino grattugiato.

(adattato da Simonetta Lupi Vada, *La pasta è in tavola*)

scolare *mettere* *condire* *affettare* *unire* *cuocere* *buttare* *friggere*

Lo sapevi? I bucatini sono degli spaghetti con il buco, tipici del Lazio. Questa ricetta è una specialità di Amatrice, una piccola città in provincia di Rieti.

3 *Carlo, non farlo!*

Completa la poesia con i verbi all'imperativo informale singolare (tu). I verbi non sono in ordine.

Carlo è troppo grasso: domenica scorsa si è pesato e ha visto che la bilancia segnava 100 chili. Ha deciso di mettersi a dieta.
Ecco alcune raccomandazioni che la sua fidanzata ha scritto per lui.

prenderne farsi ricordarsi dimenticare iniziare
mangiarli scegliere lasciarlo berne sostituirla

_____________ la tua giornata con una bella camminata.
Se la camicia ti va stretta, _____________ una bella corsetta!
La tua bella macchinetta? ___________________ con la bicicletta!
Gli gnocchi? _____________ solo con gli occhi!
Quando fai la spesa, _______________ che la bilancia non è scesa.
________________ la cioccolata, _____________ invece l'insalata.
E il gelato, _______________ al supermercato!
Se vedi una torta alla frutta, non ________________ neanche una fetta.
e quando ti offrono del vino, non ________________ neanche un bicchierino!

4 *Se bella vuoi divenire...*

Completa i dialoghi con i verbi all'imperativo.

a. ■ Dai, Giulia, ______________ (*togliersi*) la maglietta, _____________ (*mettersi*) a testa in giù, _______________ (*appoggiarsi*) al lavabo... _____________ (*stare*) attenta a non bagnarti!
□ No, non voglio lavarmi i capelli, non sono sporchi!
■ Non _______________ (*fare*) capricci, ______________ (*sbrigarsi*), non farmi perdere la pazienza...
□ E va bene, però non ___________ (*farmi*) male, non _______________ (*tirarmeli*).
■ E tu non ________________ (*muoverti*), altrimenti ti entra lo shampoo negli occhi!

b. □ ______________ (*dirmi*) signora Bianchini. Come li facciamo i capelli?
■ ________________ (*tagliarmeli*) belli corti, signorina, così rimangono in ordine.
□ Facciamo anche i colpi di sole?
■ E va bene, _______________ (*noi - farli*).
□ Sì, ma per i colpi di sole, bisogna aspettare un bel po'...
■ Non __________________ (*preoccuparsi*), non ho fretta. Leggerò una rivista...
□ Sì, certo, quale preferisce?
■ È lo stesso, ________________ (*darmene*) una qualsiasi.

Qual è la fine dell'espressione del titolo?

Se bella vuoi divenire... a) alcuni consigli devi seguire. ❏
b) tanta pazienza devi avere. ❏
c) un poco devi soffrire. ❏

5 *Rifletti sulla lingua*

A che cosa serve l'imperativo? Segna con una X quali funzioni esprime in ogni esercizio. Ci possono essere più funzioni nello stesso testo.

	richiamare l'attenzione	dare istruzioni	dare consigli	dare il permesso	dare ordini
Formale o informale?					
Come si fa?					
Vivi in un mondo migliore!					
Viaggia in modo diverso!					
In quali situazioni si trovano queste persone?					
Giusto o sbagliato?					
Bucatini all'amatriciana					
Carlo, non farlo!					
Se bella vuoi divenire...					

6 *Ridendo con... l'imperativo*

(da *La Settimana Enigmistica*)

-Non startene lì a far niente, Gigetto! Cresci, vai a scuola, prendi una laurea e trovati un lavoro!

Il congiuntivo

- *L'**indicativo** è il modo della certezza e della realtà mentre il **congiuntivo** è il modo dell'incertezza, del dubbio, della probabilità.*
  *L'**indicativo** si usa per fare affermazioni **oggettive**, il **congiuntivo** per fare affermazioni **soggettive**.*

So che gli italiani del Sud **sono** molto ospitali.
→ *è un dato di fatto, si usa l'indicativo*

Penso che gli italiani del Sud **siano** molto ospitali.
→ *è un'opinione personale, si usa il congiuntivo.*

- *Il congiuntivo si usa soprattutto in frasi subordinate.*

Credo che	Francesco **sia** stanco.
frase principale	*frase subordinata*

- *Per poter usare il congiuntivo, il soggetto della frase principale deve essere diverso da quello della subordinata.*

Credo che	Gianni **abbia** l'influenza.
(io credo)	*(lui ha)*

- *Quando invece i due soggetti sono uguali, nella subordinata si usa l'infinito, generalmente preceduto dalla preposizione "di".*

Credo	**di avere** l'influenza.
(io credo)	*(io ho)*

- *Il congiuntivo ha quattro tempi:*
  il presente;
  il passato;
  l'imperfetto;
  il trapassato.

Penso che il treno **arrivi** alle 8.
Penso che il treno **sia arrivato** alle 8.
Pensavo che il treno **arrivasse** alle 8.
Pensavo che il treno **fosse arrivato** alle 8.

Il congiuntivo presente

- *Le prime tre persone del congiuntivo presente sono sempre uguali e per questo motivo generalmente si specifica il pronome personale soggetto.*

Bisogna che **io lavori** di più.
Bisogna che **tu lavori** di più.
Bisogna che **lui lavori** di più.

- *Le prime tre persone del congiuntivo presente sono uguali all'imperativo formale singolare (Lei).*

Signora, **scriva** un'e-mail, per favore! (*imperativo*)
Penso che Monica **scriva** molte e-mail. (*congiuntivo*)

- *La prima persona plurale (noi) del congiuntivo è uguale all'indicativo.*

Di solito **partiamo** alle 6. *(indicativo)*
Bisogna che oggi **partiamo** prima. *(congiuntivo)*

- *Una strategia per costruire il congiuntivo presente di molti **verbi irregolari** è quella di utilizzare la 1ª persona singolare del presente indicativo cambiando la vocale finale **-o** in **-a**.*

Vad**o** a Parma. (*indicativo presente*)
Bisogna che io vad**a** a Parma. (*congiuntivo presente*)

Forme regolari del congiuntivo presente

		LAVORARE	SCRIVERE	PARTIRE	CAPIRE
Marta pensa che	io	lavor-**i**	scriv-**a**	part-**a**	cap-**isc-a**
	tu	lavor-**i**	scriv-**a**	part-**a**	cap-**isc-a**
	lui/lei/Lei	lavor-**i**	scriv-**a**	part-**a**	cap-**isc-a**
	noi	lavor-**iamo**	scriv-**iamo**	part-**iamo**	cap-**iamo**
	voi	lavor-**iate**	scriv-**iate**	part-**iate**	cap-**iate**
	loro	lavor-**ino**	scriv-**ano**	part-**ano**	cap-**isc-ano**

Forme irregolari del congiuntivo presente

Indic. pres.	Imperativo	Congiuntivo presente			
(io)	*(Lei)*	*(io/tu/lui/lei/Lei)*	*(noi)*	*(voi)*	*(loro)*
(sono)	**sia**	**sia**	siamo	siate	siano
(ho)	**abbia**	**abbia**	abbiamo	abbiate	abbiano
(sto)	**stia**	**stia**	stiamo	stiate	stiano
(do)	**dia**	**dia**	diamo	diate	diano
(so)	**sappia**	**sappia**	sappiamo	sappiate	sappiano
voglio	-	**voglia**	vogliamo	vogliate	vogliano
posso	-	**possa**	possiamo	possiate	possano
(devo)	-	**debba**	dobbiamo	dobbiate	debbano
vado	**vada**	**vada**	andiamo	andiate	vadano
faccio	**faccia**	**faccia**	facciamo	facciate	facciano
dico	**dica**	**dica**	diciamo	diciate	dicano
vengo	**venga**	**venga**	veniamo	veniate	vengano
tengo	**tenga**	**tenga**	teniamo	teniate	tengano
rimango	**rimanga**	**rimanga**	rimaniamo	rimaniate	rimangano
tolgo	**tolga**	**tolga**	togliamo	togliate	tolgano
scelgo	**scelga**	**scelga**	scegliamo	scegliate	scelgano
spengo	**spenga**	**spenga**	spegniamo	spegniate	spengano
salgo	**salga**	**salga**	saliamo	saliate	salgano
esco	**esca**	**esca**	usciamo	usciate	escano
traduco	**traduca**	**traduca**	traduciamo	traduciate	traducano
propongo	**proponga**	**proponga**	proponiamo	proponiate	propongano

Il congiuntivo passato

- *Il congiuntivo passato si forma con il congiuntivo presente degli ausiliari **essere** o **avere** + il **participio passato**.*

Credo che Giacomo **abbia lavorato** fino alle sei e che poi **sia partito.**

		LAVORARE	PARTIRE
Marta **pensa** che	io	**abbia** lavor**ato**	**sia** part**ito/a**
	tu	**abbia** lavor**ato**	**sia** part**ito/a**
	lui/lei/Lei	**abbia** lavor**ato**	**sia** part**ito/a**
	noi	**abbiamo** lavor**ato**	**siamo** part**iti/e**
	voi	**abbiate** lavor**ato**	**siate** part**iti/e**
	loro	**abbiano** lavor**ato**	**siano** part**iti/e**

Il congiuntivo imperfetto

- *Le prime due persone del congiuntivo imperfetto sono uguali.*

Laura credeva che **io lavorassi** ancora.
Laura credeva che **tu lavorassi** ancora.

- *I verbi irregolari **fare**, **dire**, **dare**, **stare** si coniugano come i verbi in **-ere**.*

Volevo che tu scriv**essi** la relazione e che mi **dessi** una mano a preparare il materiale.

Forme regolari del congiuntivo imperfetto

		LAVORARE	SCRIVERE	PARTIRE
Marta **pensava** che	io	lavor-**assi**	scriv-**essi**	part-**issi**
	tu	lavor-**assi**	scriv-**essi**	part-**issi**
	lui/lei/Lei	lavor-**asse**	scriv-**esse**	part-**isse**
	noi	lavor-**assimo**	scriv-**essimo**	part-**issimo**
	voi	lavor-**aste**	scriv-**este**	part-**iste**
	loro	lavor-**assero**	scriv-**essero**	part-**issero**

Forme irregolari del congiuntivo imperfetto

ESSERE	FARE	DIRE	DARE	STARE
fossi	facessi	dicessi	dessi	stessi
fossi	facessi	dicessi	dessi	stessi
fosse	facesse	dicesse	desse	stesse
fossimo	facessimo	dicessimo	dessimo	stessimo
foste	faceste	diceste	deste	steste
fossero	facessero	dicessero	dessero	stessero

Il congiuntivo trapassato

- *Il congiuntivo trapassato si forma con il congiuntivo imperfetto di **essere** o **avere** + il **participio passato**.*

Credevo che Giacomo **avesse lavorato** fino alle sei e che poi fosse **fosse partito**.

		LAVORARE		PARTIRE	
Marta **pensava** che	io	**avessi**	lavor**ato**	**fossi**	part**ito/a**
	tu	**avessi**	lavor**ato**	**fossi**	part**ito/a**
	lui/lei/Lei	**avesse**	lavor**ato**	**fosse**	part**ito/a**
	noi	**avessimo**	lavor**ato**	**fossimo**	part**iti/e**
	voi	**aveste**	lavor**ato**	**foste**	part**iti/e**
	loro	**avessero**	lavor**ato**	**fossero**	part**iti/e**

Uso del congiuntivo

Queste strutture richiedono il congiuntivo quando il soggetto della frase principale e quello della subordinata sono diversi.	*Se i soggetti delle due frasi sono uguali si usa l'infinito.*
soggetti diversi - congiuntivo	***soggetti uguali - infinito***
per esprimere opinioni e giudizi: ***penso / credo / mi sembra / mi pare / suppongo / ritengo / immagino*** } ***che*** Carlo ***abbia*** ragione.	*per esprimere opinioni e giudizi:* ***penso / credo / mi sembra / mi pare / suppongo / ritengo / immagino*** } ***di avere*** ragione.
per esprimere speranza: ***spero / mi auguro*** } ***che*** gli studenti ***passino*** l'esame.	*per esprimere speranza:* ***spero / mi auguro*** } ***di passare*** l'esame.
per esprimere desiderio e volontà: ***voglio / desidero*** } ***che*** Stefania ***si sposi***.	*per esprimere desiderio e volontà:* ***voglio / desidero*** } ***sposarmi.***
per esprimere attesa e aspettativa: ***aspetto / mi aspetto*** } ***che*** mi ***mandino*** una risposta.	*per esprimere attesa e aspettativa:* ***aspetto / mi aspetto*** } ***di ricevere*** una risposta.
per esprimere dubbio e incertezza: ***non sono sicuro / dubito / sospetto / temo / ho paura*** } ***che*** Claudio ***sia*** ammalato.	*per esprimere dubbio e incertezza:* ***non sono sicuro / dubito / sospetto / temo / ho paura*** } ***di essere*** ammalato.
per esprimere sentimenti e stati d'animo: ***mi dà fastidio / mi dispiace / non mi piace*** } ***che*** lui ***sia*** in ritardo. ***sono contento che*** lui ***sia*** sempre puntuale.	*per esprimere sentimenti e stati d'animo:* ***mi dà fastidio / mi dispiace / non mi piace*** } ***essere*** in ritardo. ***sono contento di essere*** sempre puntuale.

- *Questi connettivi richiedono il congiuntivo:*

prima che;	Devo chiamare Paolo **prima che** lui **vada** all'appuntamento.
benché, nonostante, sebbene, malgrado;	**Benché** Milano **sia** una città caotica, io mi ci trovo bene.
a patto che, a condizione che, purché;	Per brindare va bene qualsiasi vino **purché sia** buono.
affinché, perché *(con valore finale);*	Luisa ha mandato sua figlia in Inghilterra **perché impari** l'inglese.
senza che.	Vogliamo organizzare la festa **senza che** Maurizio lo **sappia**.

- *In alcuni casi è possibile esprimere gli stessi concetti utilizzando strutture linguistiche diverse, che richiedono l'indicativo:*

CONGIUNTIVO	*INDICATIVO*
penso / credo / mi sembra / mi pare / suppongo / ritengo / immagino } ***che*** Carlo ***abbia*** ragione.	***Secondo me / Probabilmente / Forse / Magari*** } Carlo ***ha*** ragione.
benché / nonostante / sebbene / malgrado } Milano ***sia*** una città caotica, io mi ci trovo bene.	***Anche se*** Milano ***è*** una città caotica, io mi ci trovo bene.
Per brindare va bene qualsiasi vino ***a patto che / purché / a condizione che*** } ***sia*** buono.	Per brindare va bene qualsiasi vino ***ma solo se è*** buono.
Luisa ha mandato sua figlia in Inghilterra ***affinché/perché impari*** l'inglese.	Luisa ha mandato sua figlia in Inghilterra, ***così imparerà*** l'inglese.

Il congiuntivo si usa anche:

nelle frasi relative quando nella principale ci sono verbi che esprimono desiderio e volontà come ***desiderare, volere, cercare, avere bisogno di.***	**Cerco** una casa **che abbia** un bel giardino. **Abbiamo bisogno di** una persona **che sappia** usare bene il computer.
nelle frasi superlative relative;	È stato **il** viaggio **più** interessante che io **abbia** mai **fatto**: è stata veramente una bella avventura! È **l'**uomo **meno** intelligente che io **conosca**: è proprio stupido!
nelle frasi subordinate con ***dovunque/ovunque, qualunque/qualsiasi, chiunque, comunque;***	**Dovunque** tu **vada**, ti troverai bene. **Qualunque** cosa io **dica** o **faccia** non ti va mai bene: non ti sopporto più! **Chiunque abbia** del tempo libero può lasciare il suo nominativo alla nostra associazione. **Comunque vada** a finire questa storia, non ve ne dimenticherete facilmente.
nelle costruzioni impersonali con ***bisogna che, può darsi che, si dice che, è meglio/bello... che;***	**È bello che** tutti **vadano** d'accordo. **Può darsi che** non **siano** ancora **arrivati**.
nelle frasi interrogative indirette e nelle frasi comparative con la struttura ***più/meno di quanto (non)*** *quando si usa un registro formale;*	**Non so quanto costi** un volo da Milano a Rio. *registro formale → congiuntivo* **Non so quanto costa** un volo da Milano a Rio. *registro informale → indicativo* È molto **più** vecchio **di quanto (non) sembri.** *registro formale → congiuntivo* È molto **più** vecchio **di quanto (non) sembra.** *registro informale → indicativo*
in frasi indipendenti per esprimere dubbio, speranza o desiderio. *Con questo significato, "magari" si può usare solo con il congiuntivo imperfetto o trapassato.*	Come mai non arrivano? **Che si siano persi**? **Magari fossi** giovane come voi!

*Spesso nella lingua parlata si tende a sostituire il congiuntivo con l'indicativo. Anche se in alcuni casi è ormai accettato, bisogna ricordare che il congiuntivo permette di esprimere più sfumature di significato. Negli esempi qui sopra, infatti, non si tratta solo di una differenza di registro, ma anche di una leggera variante di significato: "**Non so quanto costi**" trasmette una maggiore idea di dubbio rispetto a "**Non so quanto costa**". Lo stesso vale anche per affermazioni come "**Dicono che Milano sia la città più europea d'Italia**" (chi parla non è convinto di questa affermazione e la mette in dubbio); "**Dicono che Milano è la città più europea d'Italia**"(chi parla è convinto di questa affermazione e la considera sicura).*

Concordanze del congiuntivo

Frase principale
al presente

Frase subordinata

Penso che
presente

azione futura →

Marco **vada/andrà** in montagna la settimana prossima.
congiuntivo presente o indicativo futuro ➔ per indicare un'azione futura rispetto a quella della principale

azione contemporanea →

Marco **vada** in montagna.
congiuntivo presente ➔ per indicare un'azione contemporanea a quella della principale

Marco **stia andando** in montagna.
"stare + gerundio" al congiuntivo presente ➔ per indicare un'azione in corso

azione passata →

Marco **sia andato** in montagna la settimana scorsa.

Marco, da bambino, **andasse** spesso in montagna.
congiuntivo passato o imperfetto ➔ per indicare un'azione passata rispetto a quella della principale, secondo le funzioni tipiche dei due tempi (vedi capitoli ad essi relativi)

Frase principale
al passato

Frase subordinata

Ho pensato che
passato prossimo

Pensavo che
imperfetto

Avevo pensato che
trapassato prossimo

Pensai che
passato remoto

azione futura →

Marco **andasse/sarebbe andato** in montagna la settimana dopo.
congiuntivo imperfetto/condizionale composto ➔ per indicare un'azione futura rispetto a quella della principale

azione contemporanea →

Marco **andasse** in montagna.
congiuntivo imperfetto ➔ per indicare un'azione contemporanea a quella della principale

Marco **stesse andando** in montagna.
"stare + gerundio" al congiuntivo imperfetto ➔ per indicare un'azione in corso

azione passata →

Marco **fosse andato** in montagna la settimana prima.

Marco, da bambino, **andasse** spesso in montagna.
congiuntivo trapassato o imperfetto ➔ per indicare un'azione passata rispetto a quella della principale, secondo le funzioni tipiche dei due tempi (vedi capitoli ad essi relativi)

Esercizi sul congiuntivo presente e passato

1 *Un gatto + un gatto*

Completa la poesia con i verbi al congiuntivo presente.

Un gatto più un gatto fa due gatti.
Un gatto meno un gatto
fa un gatto andato via.
Speriamo che __________ (*tornare*) presto
che non _____________ (*perdersi*)
che non _____________ (*farsi*) male
che per strada _____________ (*stare*) attento
a attraversare
che _____________ (*trovare*) sui tetti la strada
per tornare
che ___________ (*venire*) a casa prima di sera
con la sua bella coda
dritta come una coda disegnata.

(G. Raboni, *Un gatto più un gatto*)

Qual è la frase principale da cui dipendono tutti i congiuntivi? __________________________

2 *Che cosa pensano i giovani europei?*

Completa l'articolo con i verbi al congiuntivo presente.

Secondo una ricerca realizzata a Bruxelles, i giovani europei tra i 18 e i 24 anni hanno le stesse idee. Credono che l'eutanasia _______________ (*dovere*) essere legalizzata (54%); pensano che gli omosessuali __________________ (*avere*) il diritto di sposarsi (59%); vogliono che ________________ (*essere*) obbligatorio il test per l'Aids (61%); pretendono che _______________ (*esserci*) leggi e condanne più severe contro i pedofili (60%); chiedono che si _______________ (*proibire*) i cibi transgenici, che si _______________ (*abolire*) la pena di morte e che si _______________ (*vietare*) la clonazione. E l'88% ritiene che i rapporti sessuali prima del matrimonio _____________ (*essere*) normali: solo? Pare davvero sorprendente che dodici ragazzi su cento ______________ (*essere*) ancora d'accordo con il Papa. Per il resto che cosa colpisce? La sicurezza e l'uniformità. Si va verso l'Europa delle grandi libertà nelle scelte individuali e del forte controllo sociale.

(adattato da *Anna*)

3 *Viva l'italiano!*

Completa l'intervista coniugando i verbi della prima colonna al congiuntivo presente e quelli della seconda colonna al congiuntivo passato.

verbi da coniugare al congiuntivo presente	verbi da coniugare al congiuntivo passato
1. piacere 2. significare 3. andare 6. dovere 7. volere 9. frequentare 10. dare 13. apprezzare	*4. essere 5. aumentare 8. aderire 11. attivare 12. decidere*

L'italiano all'estero va forte. Il nostro Paese piace e anche la sua lingua. Tra il 1995 e il 2000 negli istituti italiani di cultura gli studenti sono passati da 33 mila a 46 mila e gli iscritti sono aumentati molto anche presso le scuole private. Ne abbiamo parlato con alcuni insegnanti di italiano per stranieri.

Perché l'italiano sta avendo così tanto successo tra gli stranieri?
Pare che l'italiano [1]_______________ agli stranieri per le ragioni più svariate: perché il suono è dolce, perché amano Venezia, perché vanno pazzi per ravioli e tagliatelle... e perché pensano che Italia [2]_______________ ancora "dolce vita".

Quali sono i Paesi in cui l'italiano va più forte?
Sembra che in Norvegia [3]_______________ di moda tutto ciò che è italiano: vino, cibo, vestiti. E attualmente è in forte aumento anche in Argentina benché qui l'italiano [4]_______________ sempre legato al vincolo culturale esistente tra i due Paesi. In generale abbiamo l'impressione che, ultimamente, la recente crisi [5]_______________ il desiderio di molti argentini di trasferirsi in Italia.

L'italiano si studia anche per motivi economici?
Sì, sembra che a questo si [6]_______________ l'incremento delle richieste nei paesi dell'Est europeo, considerati un mercato emergente. In Giappone e Corea, invece, l'Italia è famosa non solo per la moda ma anche per la musica. Pare che moltissimi giovani asiatici [7]_______________ venire in Italia per studiare l'opera nei nostri conservatori.

Come ha reagito l'Italia a questo improvviso aumento di richieste?
Aumentando l'offerta di corsi di lingua e cultura italiana per stranieri. E ci fa piacere che molte università italiane [8]_______________ a Icon, Italian Culture on the Net (www.italicon.it), un corso on-line via Internet grazie al quale è possibile laurearsi in italiano: si fa tutto in rete, senza che gli studenti [9]_______________ l'università. Si chiede solo che [10]_______________ gli esami presso istituti di cultura italiana all'estero. E siamo anche contenti che molte università straniere [11]_______________ lettorati e che [12]_______________di dare più spazio alla lingua italiana. Insomma, sembra proprio che sempre più persone [13]_______________ la lingua di Dante.

(adattato da *Io donna*)

4 *Adele e Giovanni*

Completa il dialogo con i verbi al congiuntivo passato.

■ Ma Adele e Giovanni stanno insieme? E da quanto tempo?
□ Sì, credo che ________________ (*conoscersi*) qualche anno fa sul traghetto per la Grecia e che ________________ (*rivedersi*) a Perugia dopo le vacanze.
■ Ma dai… Sul traghetto?
□ Sì, mi pare che la storia ________________ (*andare*) così: lui, bianco com'è, si era scottato per il troppo sole e le ha chiesto un po' di crema. Lei, che è nera come il carbone, vedendolo tutto rosso si è messa a ridere e gliene ha data un po'… Poi mi pare che ________________ (*incontrarsi*) per caso in un bar di Santorini e che lui le ________________ (*offrire*) qualcosa da bere.
■ Ma, scusa, ma lui non stava un'altra, una biondina…
□ Sì, ma lei l'aveva lasciato poco prima della vacanza in Grecia; lui, tra l'altro, ci era rimasto malissimo ma aveva deciso di partire lo stesso…
■ Beh, è stato fortunato… Ma adesso vivono insieme?
□ Sì, mi pare che __________appena__________ (*prendere*) in affitto un appartamento qui vicino.
■ Mi fa piacere, sono proprio una bella coppia!

Esercizi sul congiuntivo imperfetto e trapassato

1 *La nonna*

Leggi questa poesia, sottolinea tutti i verbi al congiuntivo presente e poi trasformali al congiuntivo imperfetto nella colonna di destra.

Voglio tanto una nonna piccina morbida e bianca, brava in cucina con molto tempo per raccontare a me che amo tanto ascoltare; che mi parli del suo passato e delle persone che ha amato. Che giochi con me alle signore prendendo il tè a tutte le ore. Che mi faccia dolci squisiti e per le bambole molti vestiti. Che mi abbracci quando sono sola, che mi venga a prendere a scuola e che mi vizi anche un pochino, come si merita ogni bambino.	*Volevo tanto una nonna piccina* *morbida e bianca, brava in cucina* *con molto tempo per raccontare* *a me che amavo tanto ascoltare;* *che mi* ____________ *del suo passato* *e delle persone che aveva amato.* *Che* ____________ *con me alle signore* *prendendo il tè a tutte le ore.* *Che mi* ____________ *dolci squisiti* *e per le bambole molti vestiti.* *Che mi* ____________ *quando ero sola,* *che mi* ____________ *a prendere a scuola* *e che mi* ____________ *anche un pochino,* *come si merita ogni bambino.*

(adattato da *Famiglia Cristiana*)

Hai notato che nella trasformazione al passato sono cambiati anche i verbi all'indicativo?

2 *Scambio di automobile*

Completa la conversazione coniugando i verbi sulle linee ____________ al congiuntivo imperfetto e quelli sulle linee _ _ _ _ _ _ _ _ _ al congiuntivo trapassato.

Donatella - Ieri siamo andati a fare la spesa prima del solito perché volevamo arrivare a casa prima che ______________ (*iniziare*) la partita. Gino sperava che ____________ (*esserci*) poco traffico e invece sembrava che tutti _ _ _ _ _ _ _ _ _ _ _ _ (*avere*) la stessa idea.

Linda - Come al solito…

Donatella - E in più mi è successa una cosa molto imbarazzante…

Linda - Cioè?

Donatella - Dunque, come ti dicevo siamo andati al supermercato in macchina: è stata una pessima idea, non pensavamo che il mercoledì ______________ (*esserci*) così tante persone in giro. E per di più pioveva. Non abbiamo trovato parcheggio e Gino è rimasto in macchina perché sperava che qualcuno ________________ (*andare*) via e gli ______________ (*lasciare*) il posto. Quando sono uscita dal supermercato stava ancora piovendo ed ero piena di pacchi. Non capivo perché Gino non _ _ _ _ _ _ _ _ (*scendere*) dalla macchina per venirmi incontro.

Linda - E dov'era?

Donatella - Beh, io credevo che _ _ _ _ _ _ _ _ _ _ _ (*decidere*) di aspettarmi lì e così, quando ho visto una macchina bianca come la nostra, sono salita immediatamente ma...

Linda - Ma??

Donatella - Al volante c'era un altro signore. E io, per di più, sono entrata in macchina urlando: "Speravo che tu mi ______________ (*dare*) almeno una mano con tutti questi sacchetti..."

Linda - E lui?

Donatella - Ha cominciato a ridere, ha capito subito la situazione mentre io dicevo: "Scusi, credevo che Lei ____________ (*essere*) mio marito", la frase più stupida che io ____________ (*potere*) dire...

Linda - E lui?

Donatella - E lui mi guarda e mi fa: "Suo marito è un uomo fortunato!"

Linda - E poi?

Donatella - E poi ho sentito un clacson, era Gino che aveva parcheggiato più lontano e che aveva visto tutta la scena: non riusciva a credere che io _ _ _ _ _ _ _ _ (*scambiare*) una Punto con una Panda e che _ _ _ _ _ _ _ _ _ _ (*salire*) in macchina con un perfetto estraneo…

Linda - Beh, sono due macchine un po' diverse...

Donatella - Eh, certo, ma per me no, sempre Fiat sono!

Esercizi sugli usi del congiuntivo

1 *Lettera a un giornale*

a. Leggi questa lettera e scegli la forma corretta.

b. Questa è la risposta alla lettera di Valentina. Completala con i verbi al congiuntivo o all'indicativo.

LO SPAZIO DEI LETTORI

Salve, sono una ragazza di 16 anni che legge sempre la Sua rubrica. Le scrivo perché ho un problema con i miei genitori. Ho una grande passione per i cavalli, così *abbia scelto/ho scelto* di frequentare l'istituto agrario perché il mio sogno *è* sempre *stato/sia* sempre *stato* quello di avere una fattoria. I miei genitori mi hanno dato il permesso a patto che io *studi/studio* anche enologia. Secondo loro, non è giusto che io *mi dedico/mi dedichi* esclusivamente agli animali. Vogliono che io *diventi/divento* un tecnico del vino perché pensano che i cavalli non *siano/sono* sufficienti per vivere. Ritengono che il lavoro in cantina *sia/è* più redditizio e *dia/dà* molte più soddisfazioni. A loro, però, non a me sicuramente. Infatti, è mia madre ad avere la passione per il vino e io non sopporto che lei *parli/parla* continuamente della mia futura professione e che la *usa/usi* per attirare l'attenzione degli amici…

Anche se *abbia* già *provato/ho* già *provato* varie volte a parlare con loro di questa situazione, non sono riuscita a risolvere il problema.

Vorrei avere una Sua opinione. Grazie di tutto.

Valentina

IL DIRETTORE RISPONDE

Cara Valentina,

penso che sulle passioni non si _______________ (*potere*) discutere perché _______________ (*rappresentare*) un valore in più nella vita: quello che ne aumenta la qualità. E purtroppo _______________ (*io - avere*) l'impressione che i tuoi genitori _______________ (*essere*) egoisti e, per questo, incapaci di essere dalla tua parte. Sei in una situazione difficile ma credo che _______________ (*toccare*) a te decidere il tuo futuro. È importante che _______________ (*trovare*) qualche alleato (un amico, un adulto o un parente meno egoista) e che _______________ (*progettare*) il piano per la tua "liberazione": ricordati, però, che non sarà una cosa semplice né breve. Dovrai superare mille ricatti affettivi ed economici, ma la vita è tua ed è giusto che tu _______________ (*prendere*) le tue decisioni. In bocca al lupo!

(adattato da *Specchio*)

2 *Proposta per l'estate*

Laura ha una proposta interessante per Alexandra. Completa l'e-mail con i verbi all'indicativo o al congiuntivo (sono in ordine).

Alexandra e-mail

Invia adesso | Invia più ta di | Registra come bozza | Aggiungi allegati | Firma | Opzioni

Da: Laura
A: @Alexandra
Oggetto: Proposta per l'estate
Allegati: *Nessuno*

Font predefinito | Dimensione testo

Cara Alexandra,
come stai? Come va la vita a Hannover? Ti scrivo perché ho una proposta da farti: si tratta di un lavoro per l'estate. So che l'Italia ti _______________ molto e mi sembra che questa occasione _______________ proprio per te. Ieri sono andata a Stresa, sul Lago Maggiore, a trovare la proprietaria del negozio di scarpe dove mia sorella _______________ per tre anni. Mi ha detto che cercano qualcuno che _____________ l'inglese e il tedesco per la stagione estiva. Siccome tu ____________ tedesca e parli benissimo l'inglese e l'italiano, mi sembri la persona giusta. Ti interessa? Non so quanto ti __________________ e quante ore al giorno ______________ lavorare. La signora Elsa ha bisogno di qualcuno che ____________ in negozio di pomeriggio e anche il sabato e la domenica. So che qualche volta il negozio _____________ aperto anche il sabato sera, spero che questo non ____________ un problema per te. Per quanto riguarda la sistemazione, _____________ rimanere da me: la mia casa è a 10 chilometri da Stresa quindi è abbastanza comoda.
Immagino che prima tu _____________ pensarci un po' e magari parlarne con Markus.
Ci sentiamo presto, fammi sapere che cosa ne pensi!
Laura

piacere fare lavorare sapere essere pagare dovere stare rimanere essere potere volere

3 *Una serata da dimenticare*

Completa questa lettera con i verbi al congiuntivo o all'indicativo.

Cara Stefania,
senti cosa mi è successo ieri dopo che ci siamo sentite. Alle nove avevo appuntamento con Luisa; ero contenta che _____________ (*accettare*) il mio invito perché ultimamente è un po' depressa e non vuole mai uscire. Siamo andate a mangiare in una pizzeria vicino a corso Garibaldi. Dopo aver pagato il conto, Luisa è andata in bagno. Passati dieci minuti, siccome non la _____________ (*io - vedere*) arrivare, ho pensato che non _______________ (*stare*) bene o che le _________________ (*fare*) male qualcosa che aveva mangiato e così _______________ (*io - andare*) in bagno a vedere che cosa era successo. Appena mi ha visto, si è messa a piangere e mi ha raccontato che il suo ragazzo _____________ (*stare*) con un'altra. Prima sperava che non _______________ (*trattarsi*) di una cosa seria, poi lui le ha detto che ________________ (*innamorarsi*) dell'altra. Saremo state lì una mezz'oretta a parlare. Quando siamo uscite dal bagno la pizzeria era vuota: in un primo momento abbiamo pensato che i camerieri ____________ (*essere*) ancora in cucina, ma poi abbiamo visto che _______________ (*essere*) tutto buio. A quel punto abbiamo capito che tutti ________________ (*andarsene*). Probabilmente non _________________ (*vedere*) che eravamo ancora in bagno e hanno chiuso

il locale senza che noi ________________ (*accorgersene*)! Non sapevamo cosa fare: per di più, nonostante la situazione ________________ (*essere*) assolutamente ridicola, Luisa aveva paura che ci ________________ (*lasciare*) lì fino al giorno dopo e così ha cominciato a battere sulla porta urlando "aprite, aprite!". Mentre aspettavamo che ________________ (*arrivare*) qualcuno, è suonato il telefono: era un cliente che ________________ (*volere*) prenotare un tavolo per il giorno dopo. Gli ho spiegato la situazione e lui mi ha detto che ________________ (*conoscere*) uno dei camerieri della pizzeria. Ci ha dato il numero del suo cellulare, gli abbiamo telefonato e, per fortuna, è venuto subito dopo a "liberarci"! Incredibile, vero?
Ci sentiamo presto, magari ti porto a mangiare una pizza in questo ristorante... ma senza andare in bagno, mi raccomando!

Un bacione
Betta

4 *Intervista a...*

Completa con i connettivi mancanti questa intervista a una scrittrice italiana. Se hai bisogno di aiuto puoi scegliere fra quelli della lista.

Con il suo libro "Rispondimi" ha voluto dire che il mondo non è capace di amare?
Sì. In genere pensiamo che l'amore sia qualcosa di naturale, di facile, ma non è così. L'amore prescinde dal possesso, è libero. E, ________________ questo accada, ci vuole una luce che ci illumini. Rosa, un personaggio di "Rispondimi", è figlia di una prostituta e, ________________ abbia subito violenze e soprusi, si ribella e riesce a riscattarsi.

L'hanno accusata di dipingere sempre gli uomini in modo negativo, mentre le donne maltrattate sono delle eroine...
No, le mie donne non sono eroine, sono vittime. ________________ sono negativi solo gli uomini che non hanno la forza di essere "veri" uomini, cioè responsabili e consapevoli.

Questo sarà il suo ultimo libro?
Questo è il libro che mi è costato più fatica e che più amo. Continuerò a scrivere ________________ la mia creatività non mi tradisca... In effetti, ad ogni nuovo romanzo mi sento svuotata.

Il successo di "Va' dove ti porta il cuore" è stato davvero un trauma per Lei?
Sì, tutta quell'invidia mi ha fatto male ma, ________________ mi sia sentita aggredita dalla critica, non ho reagito alle provocazioni e ho deciso di tacere, di non replicare. ________________ apparentemente il mio libro non aveva nulla di speciale, alla fine tutti lo leggevano...

In "Va' dove ti porta il cuore", le protagoniste erano nonna e nipote. Lei è molto legata a Sua nonna, vero?
Sì, è vero. Probabilmente ________________ aveva creduto nel mio talento. Credo che mia nonna sia stata una figura simbolica importante per me, soprattutto agli inizi.

È vero che si interessa di astrologia?
Sì, l'astrologia mi affascina molto. ________________ c'è una componente di verità che riguarda soprattutto l'influenza degli astri sulla nostra personalità. Credo che ci aiuti a conoscerci meglio.

Lei non abita più a Trieste. Ha mai nostalgia della sua città?
Certo, e ________________ ne ho grande nostalgia, ci torno ogni Natale. Mi mancano molto le lunghe esplorazioni con il motorino per le colline del Carso. E mi manca perdere lo sguardo nel verde scintillio del mare.

(adattato da *Gioia*)

per me   siccome   perché   benché   purché   perché   anche se   secondo me   sebbene

Hai capito chi è la scrittrice intervistata?

Esercizi sulle concordanze del congiuntivo

1 *Dal presente al passato o… viceversa*

Trasforma le frasi dal presente al passato o viceversa, facendo i cambiamenti necessari.

1. Lorenzo è un po' preoccupato: spero che gli abbiano già comunicato i risultati delle analisi.
   Lorenzo era un po' preoccupato: speravo che gli avessero già comunicato i risultati delle analisi.
2. Nonostante il medico gli avesse detto mille volte di smettere di fumare, lui non voleva saperne.
   ____
3. Il presidente, sebbene non abbia partecipato alla riunione, ha comunicato la sua decisione.
   ____
4. Aspettiamo che voi torniate dalle vacanze per organizzare la festa.
   ____
5. Volevo che tutto fosse pronto prima che gli ospiti arrivassero.
   ____
6. Malgrado non abbiano molti soldi, fanno dei viaggi splendidi.
   ____
7. Potete venire da me quando volete, basta che mi avvertiate.
   ____
8. Bisognava che tutte le scuole fossero chiuse per poterle usare come sedi elettorali.
   ____
9. È assurdo che gli studenti non usino il laboratorio, con tutti i soldi che è costato!
   ____
10. Ci sentiamo un po' soli perché i nostri figli si sono sposati: chiunque venga a trovarci, è benvenuto.
    ____

2 *La melanzana di Biancaneve*

Completa l'articolo con i verbi della lista al tempo giusto del congiuntivo. I verbi sono in ordine.

Sembra la storia di Biancaneve, ma al posto della mela c'era una melanzana. È successo in Piemonte: quando ha comprato la piantina, alcuni mesi fa, la signora Marianna era convinta che ______________ di una melanzana bianca. Così l'altro ieri l'ha raccolta dall'orto e l'ha mangiata: poche ore dopo era all'ospedale quasi in coma. Per i medici non è stato facile capire che cosa ______________. Infatti, quella che Marianna credeva che ______________ un semplice ortaggio, era in realtà una pianta velenosa originaria del Sudamerica, molto tossica. Dall'ospedale è scattato l'allarme e i carabinieri hanno ricostruito alla rovescia l'itinerario di questa piantina: temevano che altre persone ne ______________ il frutto. Anche il commerciante che le aveva venduto le piantine pensava che ______________ melanzane bianche e, interrogato dai carabinieri, ha dichiarato che si è accorto che erano molto diverse dalle melanzane solo quando sono cresciute. La specialista che ha analizzato l'ortaggio ha dichiarato: "È incredibile come quella donna ______________ confondersi" e ha aggiunto: "È importante che le persone ______________ attente a quello che raccolgono nell'orto e che ______________ subito al pronto soccorso se, dopo aver mangiato, hanno dei sintomi strani".

(adattato da *La Stampa*)

trattarsi   succedere   essere   mangiare   essere   potere   stare   andare

15 Il congiuntivo

3 *Pennichella sì o no?*

Completa il testo con i verbi della lista al tempo giusto del congiuntivo. I verbi sono in ordine.

Sembra che la pennichella ________________ quasi una vergogna, una cosa da fannulloni. Si crede che questa abitudine ________________ i nostri ritmi abituali: il sonno, lo studio, il lavoro. Eppure, secondo una ricerca realizzata dall'Università di Harvard, la pennichella aiuta a fissare i concetti nella memoria quanto una lunga notte di sonno. Nonostante la ricerca ________________ risultati molto chiari, c'è ancora chi teme che l'abitudine alla pennichella ________________ aprire la porta a un male serale ben peggiore: l'insonnia. "Personalmente - afferma il professor Lugaresi, studioso della medicina del sonno - credo che negli ultimi anni in tutto il mondo occidentalizzato purtroppo ________________ il modello "dalle 9:00 alle 5:00" e che esso ________________ la vecchia abitudine agricola della lunga pausa pomeridiana. Mi sembra che i nostri vecchi ________________ l'abitudine più consona alla nostra natura. La sonnolenza che ci assale dopo pranzo è una chiara richiesta d'aiuto: è opportuno che tutti noi la ________________ e ________________ anche solo un pisolino di dieci minuti sulla poltrona. È comunque importante che non si ________________ i 20/30 minuti di sonno. Anche in questo ci vuole un po' di buon senso. Per risvegliarsi al momento giusto basta una sveglia oppure un amico che ci ________________ una pacca sulla spalla".

(adattato da *Oggi*)

diventare alterare dare potere vincere sostituire adottare ascoltare fare superare dare

4 *Caro Fabrizio*

Stefano ha appena ricevuto una lettera da suo cugino Fabrizio, che non sentiva da tanto tempo. Completa la risposta di Stefano con i verbi al tempo giusto.

Caro Fabrizio,
che bella sorpresa ricevere la tua lettera! Sono felice che non ti ________________ (*loro - trasferire*) e spero che tu ________ già ________ (*risolvere*) anche gli altri problemi di lavoro. Non pensavo che la tua azienda ________________ (*andare*) così male e non immaginavo neppure che ________________ (*loro - licenziare*) così tante persone.
Sono molto contento che il piccolo Federico ________________ (*crescere*) bene e che ________________ (*voi - essere*) tutti più tranquilli. La mia vita è frenetica come sempre, con mille impegni di lavoro e poco tempo per stare con gli amici e le persone care. L'anno scorso, quando ci siamo visti a Roma, non immaginavo che ________________ (*passare*) così tanto tempo prima di risentirci. E ho paura che ne ________________ (*passare*) ancora un bel po' prima di rivederci perché, benché ________________ (*avere*) una voglia matta di venire a trovarvi, temo che non ________________ (*essere*) possibile prima della fine dell'anno. Mi ha fatto tanto piacere risentirti e sapere che sei più sereno.
Ti abbraccio forte
Stefano

PS: Neanch'io ho più notizie di Marcello. L'ho sentito l'ultima volta a Natale, prima che ________________ (*lui - partire*) per Bruxelles: chissà che fine avrà fatto! Pensavo che ________________ (*lui - rimanere*) in contatto almeno con te e invece pare che ________________ (*sparire*) nel nulla.

Il periodo ipotetico

Formazione del periodo ipotetico

Il periodo ipotetico esprime situazioni più o meno possibili ed è introdotto da "se".

Se + ipotesi + conseguenza

Se invece di bombe **lanciassimo** un fiore,
ipotesi
vivremmo tutti in un mondo migliore.
conseguenza

Esistono diversi tipi di periodo ipotetico:

- *periodo ipotetico della **realtà**: esprime una situazione probabile e realizzabile nel presente o nel futuro;*

Se + indicativo presente + indicativo presente
Se + indicativo presente + imperativo
Se + indicativo presente + futuro
Se + futuro + futuro

Se vengo, ti **telefono**.
Se arrivi tardi, **chiamami**!
Se il tempo **è** bello, domenica **andremo** al mare.
Se prenderai questa decisione, non **te ne pentirai.**

- *periodo ipotetico della **possibilità nel presente o nel futuro**: esprime una situazione possibile ma difficile da realizzare;*

Se + congiuntivo imperfetto + condizionale semplice

Se potessi, **mi trasferirei** a Siviglia.

- *periodo ipotetico della **irrealtà nel presente o nel futuro**: esprime una situazione impossibile;*

Se + congiuntivo imperfetto + condizionale semplice

Se avessi vent'anni di meno, **sarei** più agile.
Se fossi invisibile, ti **seguirei** dappertutto.

- *periodo ipotetico della **irrealtà nel passato**: si riferisce a una situazione che non si è realizzata nel passato;*

Se + congiuntivo trapassato + condizionale composto

Se avessi saputo dello sciopero, **sarei venuto** in macchina.

1. Se vinco/vincerò alla lotteria.... ➔ *È possibile: l'estrazione è domani.*
2. Se vincessi alla lotteria... ➔ *È possibile ma lo ritengo improbabile.*
3. Se avessi vinto alla lotteria... ➔ *Non ho vinto: l'estrazione è stata ieri.*

- ***periodo ipotetico misto (I)**: si riferisce a un'ipotesi del passato la cui conseguenza ha effetto sul presente;*

  Se + congiuntivo trapassato + condizionale semplice

  Se l'anno scorso mi **avessi ascoltato, ora** non **saresti** nei guai.

- ***periodo ipotetico misto (II)**: si riferisce a un'ipotesi ancora valida che ha determinato certe conseguenze nel passato;*

  Se + congiuntivo imperfetto + condizionale composto

  Se lui **fosse** una persona sensibile, in quella situazione non **si sarebbe comportato** così.

- *La posizione delle due frasi che compongono il periodo ipotetico può essere invertita senza nessun cambiamento di significato.*

  Se avessi avuto tempo, l'**avrei fatto** volentieri.

  L'**avrei fatto** volentieri, **se avessi avuto** tempo.

- *Spesso si usa solo la prima parte del periodo ipotetico, come se fosse un'esclamazione, e si lascia immaginare la conseguenza a chi ascolta.*

Uso del periodo ipotetico

Il periodo ipotetico si usa per:

- *fare ipotesi;*

  Se mio padre mi **presta** la macchina, domani ti **porto** al mare.

- *esprimere desideri;*

  Se potessi, partirei domani per le vacanze.

- *esprimere disappunto per fatti non realizzati.*

  Se i politici **avessero mantenuto** le loro promesse, **saremmo** tutti più soddisfatti.

Esercizi

1 *I proverbi del contadino*

Completa le frasi con il periodo ipotetico della realtà e poi abbinale ai proverbi, come nell'esempio.

1. Se il cielo è rosso al tramonto, il giorno dopo il tempo ____________ *(essere)* bello.
2. Se invece il cielo è rosso la mattina, poco dopo il tempo ______________ *(peggiorare)*.
3. Se in cielo le nuvole sembrano "pecore", ______________ *(arrivare)* presto un temporale.
4. Se durante l'anno ________________ *(nevicare)* molto, il grano crescerà in abbondanza.
5. In marzo il tempo è un po' strano: se esci, ________________ *(portare)* l'ombrello!
6. Anche aprile è un mese un po' strano ed è facile prendersi il raffreddore: se fa già caldo, ________________ *(tu - aspettare)* a mettere vestiti leggeri!
7. Se la domenica prima di Pasqua c'è il sole, a Pasqua _________________ *(piovere)*.
8. Se _________________ *(tu - vedere)* una rondine, non illuderti! Non è detto che la primavera sia arrivata.

a) Cielo a pecorelle, acqua a catinelle.
b) Sotto l'acqua fame, sotto la neve pane.
c) Aprile non ti scoprire!
d) Marzo pazzerello, con i guanti e con l'ombrello.
e) Rosso di sera bel tempo si spera.
f) Sole sugli ulivi, acqua sulle uova.
g) Una rondine non fa primavera.
h) Rosso di mattina, brutto tempo si avvicina.

2 *Hai le mani bucate?*

Completa il test con il periodo ipotetico della possibilità e leggi il tuo profilo.

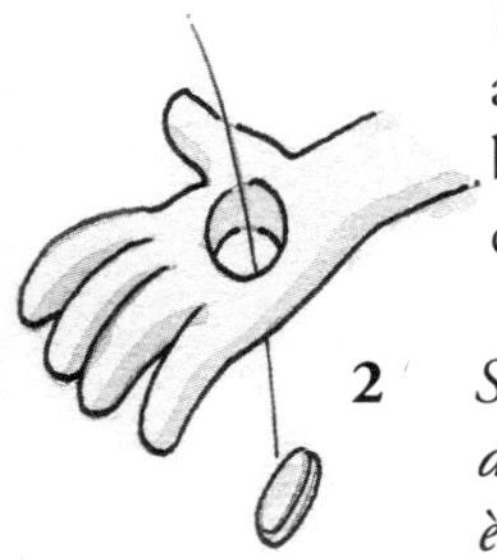

1 *Se i tuoi amici ti* ***proponessero*** *di fare un viaggio ai Caraibi, molto costoso per te, che cosa faresti?* *(proporre)*

a) ***Partirei*** lo stesso con entusiasmo. *(partire)*
b) ______________ con loro ma ______________ in colpa. *(andare-sentirsi)*
c) __________________ *(rinunciare)*

2 *Se* __________________ *cambiare tutto l'arredamento di casa ma* ____________________ *che il preventivo è molto alto, che cosa faresti?* *(tu - volere)* *(tu - accorgersi)*

a) __________________ solo le cose più urgenti. *(cambiare)*
b) Non __________________ niente di nuovo. *(comprare)*
c) ________________ un prestito e _______________ tutto. *(chiedere-rinnovare)*

3 *Se, al momento di pagare un nuovo paio di scarpe,* _______________ *(tu - scoprire)*
che il prezzo è più alto di quello che ti aspetti, che cosa faresti?
a) Le _______________ lo stesso. *(prendere)*
b) _______________ dal negozio senza comprarle. *(uscire)*
c) _______________ i saldi. *(aspettare)*

4 *Se* _______________ *preparare una cena per un numero imprecisato di amici, che cosa faresti?* *(tu - dovere)*
a) _______________ molto. Gli eventuali avanzi li _______________ nel freezer. *(cucinare - mettere)*
b) Non _______________ troppo: i miei amici portano sempre qualcosa! *(preoccuparsi)*
c) _______________ una quantità media: tanto ho dei surgelati di scorta nel freezer. *(preparare)*

5 *Se* _______________ *in un negozio tanti bei vestiti ma non* *(tu - vedere)*
_______________ *bisogno di niente, che cosa faresti?* *(avere)*
a) Non _______________ nessun acquisto. *(fare)*
b) _______________ la cosa che mi piace di più, senza pensare al prezzo. *(scegliere)*
c) _______________ qualcosa che costa poco da poter usare in molte occasioni. *(comprare)*

6 *Se il tuo partner* _______________ *farti un regalo, tu che cosa gli chiederesti?* *(desiderare)*
a) Un orologio prezioso.
b) Un libro.
c) Un golf di cachemire.

DOMANDA	A	B	C
1	3	2	1
2	2	1	3
3	3	1	2
4	3	1	2
5	1	3	2
6	3	1	2

Da 18 a 14 punti
Hai davvero le mani bucate! Non sai proprio resistere, eh? Tutto ciò che vedi nei negozi ti attira come una calamita. Quando ti viene voglia di spendere, conta fino a dieci e chiediti: "Ma ne ho davvero bisogno?"
Da 13 a 9 punti
Non sei shopping–dipendente perché sai dare il giusto peso alle cose e il valore corretto alle relazioni umane e agli affetti.
Meno di 8 punti
Non esagerare! Va bene risparmiare per i tempi duri, ma a volte è anche bello spendere. Non essere così avaro e goditi la vita!

(adattato da *Pratica*)

3 *È inutile piangere sul latte versato...*

Completa le frasi con i verbi al modo e tempo corretti. Poi abbina ad ogni frase uno dei proverbi riportati sotto.

1. Se ieri sera loro non __________________ (*arrivare*) all'ultimo momento al concerto, ______________________ (*trovare*) un posto migliore e ____________________ (*vederci*) meglio.
2. Se Clelia non _________________________ (*rivedere*) il suo ex fidanzato dopo che si erano lasciati, l'______________________ (*dimenticare*) più facilmente.
3. Se invece di stare a letto a dormire, noi ___________________________(*alzarsi*) presto stamattina, _________________________ (*riuscire*) a finire quel lavoro.
4. Se invece di aspettare un'offerta migliore tu ________________________________ (*accettare*) quel posto di lavoro, ora non ____________________ (*essere*) a casa con le mani in mano.
5. Quando era single, Vincenzo era molto più sereno. Se non _______________________ (*sposare*) quella donna così egoista, ora ______________________ (*stare*) molto meglio.
6. Se Elena ___________________________ (*dire*) qualche volta "no" e non ____________________________ (*stare*) sempre zitta, i suoi colleghi la settimana scorsa non ______________________________ (*approfittare*) della sua disponibilità.
7. Se voi non ______________________________ (*tradurre*) quell'articolo così velocemente, non _____________________ (*fare*) tanti errori di distrazione.
8. Perché ieri hai detto a tuo padre di aver passato l'esame? Se __________________ (*dirgli*) la verità, _______________________ (*essere*) molto meglio. Tanto, prima o poi lo scoprirà.

a.	Chi pecora si fa, lupo lo mangia.	____
b.	Lontano dagli occhi, lontano dal cuore.	____
c.	Meglio soli che male accompagnati.	____
d.	Chi tardi arriva, male alloggia.	____
e.	Meglio un uovo oggi che una gallina domani.	____
f.	Il mattino ha l'oro in bocca.	____
g.	Le bugie hanno le gambe corte.	____
h.	Presto e bene raro avviene.	____

Adesso inventa tu una frase ipotetica per questo proverbio:

È inutile piangere sul latte versato.

Non lamentarti adesso! Se..

4 *L'apparenza inganna*

Leggi questa storia e completala con le forme adeguate del periodo ipotetico.

Una ragazza sta aspettando il suo volo in una sala d'attesa di un grande aeroporto e sta leggendo un libro per passare il tempo. Ha comprato un pacchetto di biscotti e si è seduta nella sala VIP per stare più tranquilla. Accanto a lei c'è una sedia con i biscotti e dall'altro lato un signore che sta leggendo il giornale. Quando lei prende il primo biscotto, anche l'uomo ne prende uno. Lei si sente indignata, non dice nulla e continua a leggere il suo libro. Ma pensa: "Che maleducato! Se me lo ______________ (*lui - chiedere*), glielo ________________ (*io - offrire*) volentieri." Ogni volta che lei prende un biscotto l'uomo, come se niente fosse, ne prende uno anche lui. "Gli ______________ (*io - dire*) qualcosa - pensa la ragazza -, se solo ne ________________ (*io - avere*) il coraggio!" Quando rimane un solo biscotto l'uomo, prima che lei lo prenda, lo divide a metà. "Ah, questo è troppo! Che faccia tosta: se mi ________________ (*lui - lasciare*) almeno l'ultimo!" Sbuffando si alza, prende le sue cose e se ne va.

Quando si sente un po' meglio e le è passata la rabbia, la ragazza apre la borsa per metterci il libro e vede che il suo pacchetto di biscotti è lì ed è ancora tutto intero! "Oddio, che figura! Se ______________ (*io - accorgersene*) prima!" Solo allora capisce che l'uomo aveva un pacchetto di biscotti uguale al suo e che li aveva condivisi con lei senza sentirsi né indignato né offeso. E pensa: "Se non ________________ (*noi - giudicare*) gli altri dall'apparenza, ________________ (*noi - evitare*) di arrivare a conclusioni sbagliate. Quell'uomo ha persino diviso il suo ultimo biscotto con me... Come ________________ (*essere*) diversa la vita, se tutti noi ________________ (*sapere*) condividere le nostre cose con gli altri..."

E tu, come ________________ (*comportarsi*) se ______________ (*trovarsi*) in questa situazione?

(adattato da Internet)

5 *Ridendo con... il periodo ipotetico*

(da *La Settimana Enigmistica*)

-Scommetto che non ti lamenteresti, Gino, se Demi Moore avesse i piedi freddi!

Concordanze dei modi e tempi verbali

Concordanze dei tempi dell'indicativo

Frase principale
al presente

So che
presente

Frase subordinata

azione futura

Marco **va/andrà** in montagna la settimana prossima. *indicativo presente/futuro ➔ per indicare un'azione futura rispetto a quella della principale*

azione contemporanea

Marco **va** in montagna.
indicativo presente ➔ per indicare un'azione contemporanea a quella della principale

Marco **sta andando** in montagna.
"stare + gerundio" all'indicativo presente ➔ per indicare un'azione in corso

azione passata

Marco **è andato** in montagna la settimana scorsa.

Marco, da bambino, **andava** spesso in montagna.
indicativo passato prossimo o imperfetto ➔ per indicare un'azione passata rispetto a quella della principale, secondo le funzioni tipiche dei due tempi (vedi capitoli ad essi relativi)

Frase principale
al passato

Ho saputo che
passato prossimo

Sapevo che
imperfetto

Avevo saputo che
trapassato prossimo

Seppi che
passato remoto

Frase subordinata

azione futura

Marco **andava/sarebbe andato** in montagna la settimana dopo.
indicativo imperfetto/condizionale composto ➔ per indicare un'azione futura rispetto a quella della principale

azione contemporanea

Marco **andava** in montagna.
indicativo imperfetto ➔ per indicare un'azione contemporanea a quella della principale

Marco **stava andando** in montagna.
"stare + gerundio" all'indicativo imperfetto ➔ per indicare un'azione in corso

azione passata

Marco **era andato** in montagna la settimana prima.

Marco, da bambino, **andava** spesso in montagna.
indicativo trapassato prossimo o imperfetto ➔ per indicare un'azione passata rispetto a quella della principale, secondo le funzioni tipiche dei due tempi (vedi capitoli ad essi relativi)

Concordanze dei tempi del congiuntivo

Frase principale
al presente

Penso che
presente

Frase subordinata

azione futura

Marco **vada/andrà** in montagna la settimana prossima. *congiuntivo presente o indicativo futuro ➔ per indicare un'azione futura rispetto a quella della principale*

azione contemporanea

Marco **vada** in montagna.
congiuntivo presente ➔ per indicare un'azione contemporanea a quella della principale

Marco **stia andando** in montagna.
"stare + gerundio" al congiuntivo presente ➔ per indicare un'azione in corso

azione passata

Marco **sia andato** in montagna la settimana scorsa.

Marco, da bambino, **andasse** spesso in montagna.
congiuntivo passato o imperfetto ➔ per indicare un'azione passata rispetto a quella della principale, secondo le funzioni tipiche dei due tempi (vedi capitoli ad essi relativi)

Frase principale
al passato

Ho pensato che
passato prossimo

Pensavo che
imperfetto indicativo

Avevo pensato che
trapassato prossimo

Pensai che
passato remoto

Frase subordinata

azione futura

Marco **andasse/sarebbe andato** in montagna.
congiuntivo imperfetto/condizionale composto ➔ per indicare un'azione futura rispetto a quella della principale

azione contemporanea

Marco **andasse** in montagna.
congiuntivo imperfetto ➔ per indicare un'azione contemporanea a quella della principale

Marco **stesse andando** in montagna.
"stare + gerundio" al congiuntivo imperfetto ➔ per indicare un'azione in corso

azione passata

Marco **fosse andato** in montagna.

Marco, da bambino, **andasse** spesso in montagna.
congiuntivo trapassato o imperfetto ➔ per indicare un'azione passata rispetto a quella della principale, secondo le funzioni tipiche dei due tempi (vedi capitoli ad essi relativi)

*Con i verbi di **desiderio** e di **volontà** al condizionale nella frase principale:*

Frase principale
con il condizionale semplice

Frase subordinata

Adesso **vorrei / preferirei / mi piacerebbe / desidererei** che

azione futura → tu **fossi** qui. *(domani)*
congiuntivo imperfetto → per indicare un'azione futura rispetto a quella della principale

azione contemporanea → tu **fossi** qui. *(adesso)*
congiuntivo imperfetto → per indicare un'azione contemporanea a quella della principale

azione passata → tu **fossi stato** qui. *(prima)*
congiuntivo trapassato → per indicare un'azione passata rispetto a quella della principale

Frase principale
con il condizionale composto

Frase subordinata

Quel giorno **avrei voluto / avrei preferito / mi sarebbe piaciuto / avrei desiderato** che

azione futura → tu **fossi** lì. *(il giorno dopo)*
congiuntivo imperfetto → per indicare un'azione futura rispetto a quella della principale

azione contemporanea → tu **fossi** lì. *(in quel momento)*
congiuntivo imperfetto → per indicare un'azione contemporanea a quella della principale

azione passata → tu **fossi stato** lì. *(il giorno prima)*
congiuntivo trapassato → per indicare un'azione passata rispetto a quella della principale

Esercizi

1 *Gentile Signora Giovanna...*

Eva è appena tornata dall'Italia dove ha trascorso due mesi per imparare la lingua e frequentare un corso di canto. Questa è la lettera che scrive alla signora che l'ha ospitata. Scegli la forma corretta dei verbi.

Gentile Signora Giovanna,
Le scrivo per ringraziarLa della Sua ospitalità. Sono tornata a Madrid da tre giorni e sento che non *dimenticherò/dimentichi/avrei dimenticato* il bel periodo passato da Lei. Ho fatto vedere le foto ai miei genitori: mi hanno detto che, appena *possano/potranno/potessero*, anche loro *saranno venuti/vengano/verranno* a passare una vacanza sulle colline toscane perché non ci *fossero mai stati/sono mai stati/siano mai stati*. Ho ripreso la mia vita di sempre: oggi sono andata all'università e ho incontrato i miei compagni. Hanno voluto che gli *raccontavo/raccontassi/racconti* la mia esperienza in Italia e gli ho promesso che li *invitassi/inviterei/inviterò* a casa mia per una cena italiana. Voglio che anche loro *assaggino/assaggiassero/assaggeranno* un po' dei piatti che Lei mi ha insegnato. Come vorrei che Lei *sia/fosse/sarà* qui ad aiutarmi... Beh, comunque Le farò sapere come è andata la cena.
Tanti saluti affettuosi da
Eva

2 *L'amore è cieco*

Completa questa lettera d'amore con i verbi all'indicativo o al congiuntivo.

Tanti auguri amore mio, 7 dicembre
ti ricordi che giorno è oggi? "È lunedì – penserai – e allora?"
Dopo tanti anni di vita insieme ancora non riesco a credere come tu ____________ *(potere)* dimenticarti sempre le date importanti! All'inizio non sopportavo che ______________ *(tu - tornare)* a casa senza un fiore il giorno del nostro anniversario o che non mi ________________ *(tu - invitare)* a cena per il mio compleanno, ma con il tempo ______________ *(io - imparare)* a conoscerti e ho capito che non ______________ *(essere)* questo il tuo modo di amare. Non ti piace che gli altri ti ______________ *(obbligare)* a rispettare le convenzioni perché tu ______________ *(dare)* il tuo amore a piccole dosi, tutti i giorni, nella quotidianità. E per questo ti amo. Mi piace che mi ______________ *(tu - portare)* il caffè a letto ogni mattina, che ________________ *(tu - preoccuparsi)* quando sono troppo seria, che tu ______________ *(essere)* sempre pronto a coccolarmi. So che tu vorresti che ________________ *(io - essere)* un po' meno ordinata, ma che vuoi farci? Adoro quella tua faccia disperata quando non ____________ *(tu - trovare)* niente e dici "Topolina, dove saranno i miei occhiali?" e vuoi che li ______________ *(cercare)* io perché non ci vedi. Ma, si sa, l'amore è cieco. E nel tuo disordine hai lasciato anche questa data: oggi sono cinque anni che stiamo insieme. Sei la persona più distratta che io ___________ mai _______________ *(conoscere)*, ma ne è valsa la pena.
Ti abbraccio forte
Ale

3 *L'italiano medio del Nord*

Completa il testo con i verbi al modo e tempo giusti (sono in ordine).

Mario Mattarozzi, la moglie Annamaria e la figlia Rossana abitano a Cremona e rappresentano la tipica famiglia dell'Italia del Nord. Da ventidue anni ______________ sempre in vacanza nello stesso posto, sull'Adriatico. L'anno scorso, però, volevano cambiare e ________________ un appartamento sul lago di Garda. Pensavano che ______________ importante conoscere posti nuovi ma, poco dopo, __________________ che la nostalgia era troppo forte: "__________________ dopo tre giorni - racconta Mario - e siamo tornati sull'Adriatico." Stessa spiaggia, stesso mare, come diceva una famosa canzone degli anni sessanta. E stessa azienda: sono ventiquattro anni che Mario lavora alla Telecom e che __________________ attivamente anche all'attività sindacale. La figlia Rossana, diciottenne, _________________ ancora e frequenta un corso di danza, però i genitori vogliono che lei ______________ al bilancio familiare affinché ________________ a dare il giusto valore ai soldi. E così Rossana il sabato e la domenica lavora in una fabbrica di materie plastiche. L'estate scorsa per la prima volta _________________ il permesso di fare le vacanze con gli amici. Prima che lei _______________, suo padre ha voluto conoscere i genitori delle sue amiche. Ha voluto anche accertarsi che i "partecipanti maschi" ______________ ragazzi seri: è stato contento quando _________________ che frequentavano l'oratorio*. L'oratorio è il posto dove i giovani di mezza Italia hanno imparato a giocare a pallone e a bere gazzosa e, poiché lo _______________ la chiesa, molti ritengono che ________________ un posto sicuro. A Natale, alla signora Mattarozzi piace passeggiare per Cremona e vuole che il marito la _______________ nei negozi e _____________ con lei le cose buone da mangiare per le feste. Mario ama stare in famiglia però non sopporta che si _______________ di politica ed è preoccupato per la pensione, che ________________ sempre più nel tempo. Non si lamenta dei servizi della sua città ma, quando ha saputo che il nuovo sindaco ____________ un medico, ha pensato: "Sarebbe stato meglio se ______________________ a lavorare in ospedale, invece di dedicarsi alla politica."

andare affittare essere rendersi conto scappare partecipare studiare contribuire imparare avere partire essere sapere gestire essere accompagnare scegliere parlare allontanarsi essere continuare

**oratorio: luogo gestito dalla chiesa dove i giovani passano il tempo libero.*

4 *L'italiano medio del Sud*

Completa il testo con i verbi al modo e tempo giusti (non sono in ordine).

Antonio Cafaro ha quarantacinque anni e abita ad Altavilla, un piccolo paese della Campania. Quando era giovane, è emigrato in Germania dove c'era la sorella che ________________ in una fabbrica di cioccolato. Ma gli mancava troppo l'Italia e, dopo qualche anno, ha avuto un impiego alle Poste, in Lombardia. Anche la Lombardia, però, era troppo lontana e Antonio _____________ ad ottenere un posto ad Altavilla, dove oggi ____________ il bidello in un liceo scientifico. È contento di essere al suo paese ma a volte si chiede: "Come sarebbe stata la mia vita al Nord, se ___________________ lì? _________________ fortuna o no?" Antonio è sposato con Luigia e ha due figli: Romualdo, di diciannove anni, disoccupato, e Donatina, di diciassette, che frequenta le scuole superiori. Antonio Cafaro è un po' arrabbiato perché sperava che al Sud le cose _________________ e invece ci sono sempre gli stessi problemi: pochi servizi e molta disoccupazione. Il figlio Romualdo aspetta solo che ______________ la chiamata per il servizio militare e spera che l'esercito lo _______________ in una grande città: ha la stessa sensazione che aveva suo padre trent'anni fa. "Purtroppo anche Romualdo _________________ la scuola, come avevo fatto io - dice Antonio - e questa è la cosa che mi ha fatto più male perché non volevo che _________________ i miei stessi errori. So che ___________________ dal paese: credo che _______________ un suo diritto." Per convincere il figlio a rimanere, Antonio Cafaro ha comprato quarantun piante di olivo: danno olio buono per tutta la famiglia e sono sempre un investimento per il futuro. Mentre la nonna ________________ in tavola la pasta con la ricotta e il sugo di carne, dalla finestra si sente il maestro della banda municipale che _______________ insieme ai suoi ragazzi. "Non è che il mio paese non mi _______________ - dice Romualdo - è che ________________ venirci da turista."

(adattato da *Epoca*)

migliorare portare lavorare fare preferire rimanere piacere lasciare avere arrivare riuscire mandare andarsene ripetere essere suonare

5 *La gita a Farfa*

Scegli il verbo giusto.

Mentre eravamo ancora a tavola, mio cognato disse brusco: "Se vogliamo fare questa gita a Farfa, non bisogna mettersi a dormire, altrimenti si fa tardi." In verità nessuno aveva parlato di una gita a Farfa e io *avrei preferito/preferirei* riposare un po' dopo mangiato. Credo che della stessa opinione *siano/fossero* anche la zia Jole e le mie sorelle, a giudicare dal silenzio che accolse la frase. Poi pensai che mi *farebbe/avrebbe fatto* bene. Era un bel pomeriggio d'inverno ed era meglio impiegarlo con una gita piuttosto che con un pisolino, che mi *lascerebbe/avrebbe lasciato* scontento e insoddisfatto. Mio padre, che *era* già *andato/è* già *andato* a fare il suo sonnellino pomeridiano, fu svegliato affinché *dicesse/dica* se voleva partecipare o no. Così, dopo cinque minuti, spronati da mio cognato che andava di camera in camera svegliando i pigri della famiglia, *ci ritrovammo/ci ritroveremmo* tutti stretti come sardine nella sua macchina. Non ho mai capito come *potrebbe/potesse* entrarci tanta gente. Avevamo anche dovuto fare una piccola commedia affinché la donna di servizio non *capisse/avesse capito* che uscivamo a divertirci. Di solito partecipava anche lei alle gite e l'esserne esclusa l'*avrebbe offesa/offenderebbe*. Ma quella volta non c'era posto nella macchina. Così *inventammo/inventassimo* che dovevamo andare a trovare un parente malato e uscimmo di casa uno alla volta, senza che lei ci *avesse visto/vedesse*. Ma lei mangiò la foglia* perché, mentre la macchina, stracarica e scassatissima, scendeva per la strada ripida, *si affacciò/si affacciava* sulla porta e, con profonda amarezza, ci gridò: "Buona passeggiata!"

(adattato da Achille Campanile, *Manuale di conversazione*)

*** Che cosa significa l'espressione "mangiare la foglia"?**

a) Intuire un inganno. ❑
b) Arrabbiarsi per un'azione scorretta. ❑
c) Dire una bugia. ❑

6 *Patti chiari, amicizia lunga*

Completa il testo con i verbi ai modi e tempi adeguati. Puoi scegliere tra indicativo, congiuntivo e condizionale.

Non potevo continuare a fare tutto da solo. Adesso che Anna non poteva più aiutarmi, avevo bisogno di qualcun altro che mi _______________ (*dare*) una mano in negozio. Quel freddo autunno mi ricordava, ogni gelida mattina, che poco dopo ___________________ (*cominciare*) un altro maledettissimo inverno che mi __________________ (*sconvolgere*). Una di quelle fredde mattine Silvestro Barsi entrò per la seconda volta nel mio negozio. Era ancora più trasandato delle due volte precedenti che lo ________________ (*vedere*). A guardargli gli occhi, sembrava che non ________________ (*dormire*) mai. Mi salutò e _________________ (*cominciare*) a girare per gli scaffali pieni di fumetti, alla ricerca di qualcosa. Poi _______________ (*prendere*) un vecchio numero di una gloriosa serie del passato e con l'aria soddisfatta ______________ (*venire*) verso di me. Dopo aver pagato, mi domandò come ____________ (*stare*) andando il concorso per fumettisti che _________________ (*io - organizzare*).

"Bene" - risposi. Ed era un peccato che a lui non _________________ (*interessare*) incontrare l'editore, perché il suo "Blackhole Zeek" stava vincendo.

"Come mai di nuovo da queste parti?" - gli domandai.

"________________ (*cercare*) lavoro - mi rispose - Conosci qualcuno che ______________ (*volere*) assumermi? Qualsiasi lavoro che non ______________ (*avere*) bisogno di esperienza..." - mi domandò grattandosi la nuca con una mano.

No, non conoscevo nessuno, stavo tutto il giorno chiuso in quel negozio... però avevo bisogno di qualcuno che mi ________________ (*aiutare*), e forse lui ________________ (*potere*) lavorare per me.

"Ascolta: mi serve qualcuno che _______________ (*lavorare*) qui in negozio, se non hai nient'altro da fare mi potresti dare una mano: ________________ (*dovere*) fare solo poche cose ed io poco ti _______________ (*potere*) pagare" - gli dissi con tono amichevole e professionale insieme.

"Poco quanto?" - domandò con aria interessata e diffidente.

"Poco" - gli risposi risoluto.

"Per quanto tempo?"

"Non per molto, giusto il tempo che tu ________________ (*trovare*) un posto migliore e io qualcuno che _______________ (*essere*) disposto a prendere meno di te."

A lui non sembrò una cattiva idea e _________________ (*noi - mettersi*) d'accordo con una stretta di mano. Da come la strinse, _______________ (*io - capire*) che Silvestro, in fondo, non era quel deficiente che mi era sembrato.

(adattato da Luigi De Luca, *Sogni sfocati*)

7 *Problemi di cuore*

Completa il dialogo con i verbi al modo e tempo giusto. I verbi sono in ordine.

Due amiche, tavolino all'aperto di un bar del centro.

Marta - Vedi, non è che io non _____________ amata. Voglio dire, lo so che Matteo mi vuole bene, ma...

Chiara - Ma...?

Marta - Non gli viene mai in mente di dedicarmi un piccolo gesto carino: __________ felice se mi facesse una sorpresa, mi piacerebbe che mi _______________ un fiore... Sai, quelle cose che _____________ piacere a noi donne.

Chiara - Ma sai, gli uomini pensano che queste __________ cose da donne, totalmente superflue… E poi lo sai che ti ama, no?
Marta - Sì, però mi __________ che me lo dicesse più spesso. Vorrei che mi __________ che sono bella, come faceva quando __________ appena __________. Sarebbe bello se mi __________ quando arrivo a casa la sera, stanca dopo una giornata di lavoro…
Chiara - Hai ragione, ma forse __________ un po' troppo romantica, sai che gli uomini hanno un'idea diversa dell'amore. E tu? Gli dimostri di volergli bene? Perché non gli __________ qualche attenzione in più, proprio come __________ che lui facesse con te?

(adattato da *Anna*)

sentirsi essere regalare fare essere piacere ripetere conoscersi abbracciare essere dedicare volere

8 *Un brutto imbroglio*

Leggi questa storia e poi trasforma il racconto al passato, come nell'esempio.

C'è una donna non più giovane che svolge da moltissimi anni l'attività di domestica a ore in varie case borghesi di Cremona. Di lei si racconta che, quando è uscita dall'orfanotrofio, abbia incontrato un uomo chiamato "il calabrese", il quale l'ha messa incinta e sposata e, poco dopo, è scomparso dalla circolazione perché è finito in galera per furto. Da allora la donna ha continuato a lavorare come domestica e si dice che abbia messo da parte molti soldi. Con quei risparmi sembra che abbia comprato un appartamento, che vuole regalare al figlio quando lui si sposerà. Il figlio della donna, sui venticinque anni, grasso e con l'aria indolente, è stato in galera varie volte per piccoli furti. Dopo qualche anno "il calabrese" è riapparso nei dintorni di Cremona: è molto povero, vuole che la donna gli dia dei soldi e chiede di vedere il figlio. La donna, attraverso un avvocato, lo invita al matrimonio del figlio. Il figlio, infatti, nel frattempo ha conosciuto una ragazza giovane e carina e sta per sposarsi. La donna pensa che sarebbe giusto che il padre partecipasse al matrimonio. Il "calabrese" dice che non vuole andarci perché non ha vestiti decenti da mettersi e farebbe brutta figura. Allora la donna accetta di rivestirlo dalla testa ai piedi purché ci vada. Il giorno del matrimonio, però, non arrivano né il padre né il suo regalo. L'avvocato prende in disparte la madre dello sposo e le dice che suo marito è un gran mascalzone e che sarebbe lieto di fargli causa. Poi le spiega cosa ha scoperto solo mezz'ora prima.
Ha scoperto che la sposina è la giovane compagna del marito, che lo stesso "calabrese" ha presentato al figlio in modo che questi si sposasse ed entrasse in possesso dell'appartamento che lei ha comprato con i suoi risparmi e ha intestato al figlio pochi giorni prima. I tre hanno intenzione di stabilirsi nel suo appartamento e disgraziatamente non c'è azione legale che possa impedire quello scandalo. La donna rimane sconvolta dalla rivelazione dell'imbroglio e…

(adattato da Gianni Celati, *Narratori delle pianure*)

C'era una donna non più giovane che svolgeva da moltissimi anni l'attività di domestica __________
____
____
____
____
____
____
____

Come continua la storia?

La forma passiva

Costruzione della forma passiva

- *Nella **forma attiva** il soggetto fa l'azione.*

  *Nella **forma passiva** il soggetto subisce l'azione.*

La Segreteria **distribuisce** i certificati il 9 giugno.
soggetto — *oggetto*

I certificati **sono distribuiti** il 9 giugno dalla Segreteria.
soggetto — *compl. d'agente*

- *Nella forma passiva chi fa l'azione si chiama "complemento d'agente". Esso è sempre introdotto dalla preposizione **da.** Non è sempre necessario specificarlo.*

I certificati **sono distribuiti** il 9 giugno.
(da chi?) → **dalla Segreteria.**
compl. d'agente

La forma passiva si può costruire in diversi modi:

- *con il verbo **essere** + il **participio passato**.*

forma attiva: Il fornaio **fa** la focaccia.
forma passiva: La focaccia **è fatta** dal fornaio.

*Questa forma si può usare con **tutti i tempi** verbali: il verbo **essere** va coniugato allo stesso tempo del verbo della forma attiva e il **participio** deve concordare con il soggetto.*

forma attiva: Il fornaio **ha fatto** la focaccia.
passato prossimo
forma passiva: La focaccia **è stata fatta** dal fornaio.
passato prossimo + participio

- *con il verbo **venire** + il **participio passato**. Il significato della frase non cambia.*

forma attiva: Una volta **facevano** il pane in casa.
forma passiva: Una volta il pane **veniva fatto/era fatto** in casa.

*Si può usare **venire** solo se la forma attiva è costruita con un **tempo semplice** (presente, imperfetto, futuro, passato remoto, ecc.).*

forma attiva: **Consegneremo** i pacchi a domicilio.
forma passiva: I pacchi **verranno consegnati** a domicilio.

- *con **dovere, potere, volere** al tempo/modo necessario + **essere** + il **participio passato**.*

L'iscrizione al corso **dovrà essere effettuata** entro il 25 settembre.

I libri **possono essere presi** in prestito solo dagli studenti della facoltà.

Quando ero piccola non **volevo** mai **essere accompagnata** a scuola.

*Per esprimere l'idea di obbligatorietà si può usare anche il verbo **andare** + il **participio passato**, ma solo con i tempi semplici.*

I vestiti colorati **vanno lavati** a 30 gradi.
= I vestiti colorati **devono essere lavati** a 30 gradi.

● *con* ***si*** *+* ***verbo alla 3ª pers. sing. o plurale.***
(si passivante)

La 3ª persona deve concordare con il soggetto della frase. Quando si usa questa costruzione non è possibile specificare il complemento d'agente perché la frase ha un valore impersonale.

Il vino **si fa** con l'uva.
(= *Il vino* **è/viene fatto** *con l'uva*)

Gli spaghetti non **si mangiano** con il cucchiaio, **il cucchiaio si usa** per la minestra.

Di solito con il pesce **si beve** il vino bianco.

Uso della forma passiva

La forma passiva è una delle strategie che si usa per dare più enfasi all'azione che al soggetto che la compie. Si usa per:

● *spiegare regole e procedure;*

I cani **devono essere tenuti** al guinzaglio.

● *raccontare fatti;*

Dieci turisti italiani **sono stati sequestrati** dai ribelli.

● *fare critiche in modo indiretto.*

Questo lavoro non **andava fatto** così!

Esercizi

1 *Denunciata per foto al funerale*

Leggi questo breve articolo di cronaca e indica la forma corretta.

Sandra D., una donna americana residente da pochi mesi in un paesino della provincia di Palermo, *è stata denunciata/è venuta denunciata* ieri mattina dalla sua vicina di casa. La signora *è stata sorpresa/è sorpresa* mentre fotografava i paramenti a lutto e il funerale del marito della signora R. L., che abita nella villetta accanto alla sua. La signora Sandra *si attraeva/era stata attratta* dai bei fiori e dai velluti con cui la casa della vicina *andava "abbellita"/era stata "abbellita"* e così ha pensato di fare un piccolo reportage sul folclore italiano. Questo è quanto ha dichiarato, scusandosi, ai carabinieri, i quali le hanno spiegato che in Italia *si mettono/si mette* fiori e velluti quando muore una persona. E che a un funerale non *si fanno/devono essere fatto* mai fotografie, ma solo le condoglianze. Insomma, certe cose non *si fa/si fanno* e, se proprio è così importante, *andrebbe chiesto/verrebbe chiesto* almeno il permesso. L'equivoco è finito bene: le scuse *sono state accettate/sono venute accettate* e la denuncia *è andata ritirata/è stata ritirata.*

2 *Notizie di cronaca*

Trasforma queste notizie di cronaca dalla forma attiva alla forma passiva, come nell'esempio.

a. Avvistato coccodrillo nel Tevere a Roma

Una donna ha visto un coccodrillo nel Tevere.

Un coccodrillo *è stato visto nel Tevere da una donna.*

Ha avvertito subito i carabinieri.

____

I carabinieri hanno valutato la segnalazione della donna.

____

La settimana prima, infatti, un signore aveva chiamato i carabinieri per lo stesso motivo.

____

I carabinieri hanno mandato una squadra di sommozzatori.

____

I sommozzatori, nonostante lunghe e accurate ricerche, non hanno trovato l'animale.

____

(adattato da *www.virgilio.it*)

b. Farmacia rapinata tre volte: il bandito sarebbe sempre lo stesso

In poco più di un mese hanno compiuto tre furti nella stessa farmacia.

____

____

La cosa incredibile è che lo stesso ladro avrebbe commesso queste tre rapine.

____

____

____

Anche ieri sera il giovane, armato, ha rubato l'incasso della farmacia.

____

Il bottino, tuttavia, è stato magro: la proprietaria della farmacia aveva appena depositato i soldi in banca.

____

(adattato dal *Corriere della Sera*)

c. Trovato un pozzo romano sotto il Teatro alla Scala di Milano

Durante l'opera di ristrutturazione del teatro alla Scala, hanno ritrovato un pozzo romano.

____

____

Hanno subito sospeso i lavori.

____

____

Attendono con impazienza il parere degli esperti.

____

Quando l'impresa potrà riprendere i lavori, ristrutturerà la platea.

____

Successivamente miglioreranno l'acustica e sistemeranno i palchi.

____

(adattato dal *Corriere della Sera*)

3 *Sei consigli per mangiare sano*
Completa questi consigli usando la forma passiva con il verbo "potere", come nell'esempio.

1. Le verdure ***possono essere cucinate*** (*cucinare*) a vapore o con il microonde.
2. I piatti ________________ (*insaporire*) con spezie e olio d'oliva al posto di salse e maionese, troppo ricche di grassi.
3. Ai formaggi ________________ (*abbinare*) i piselli perché riducono l'assorbimento dei grassi.
4. Insalata e verdure ________________ (*lavare*) il giorno prima del consumo: l'importante è non tagliarle, per evitare di eliminare troppe vitamine.
5. Gli avanzi di pollo e tacchino ________________ (*riutilizzare*) come ingredienti per un'insalata mista che diventa un ottimo piatto unico.
6. Il pesce è un alimento sano perché ________________ (*cuocere*) in meno tempo rispetto alla carne, conservando così tutte le sue proprietà nutrienti.

(adattato da *Gioia*)

4 *Dieci regole per viaggiare sicuri*
Trasforma le frasi nella forma passiva che esprime obbligatorietà ("andare" o "dovere").

1. ***Rispettare*** i limiti di velocità.
   I limiti di velocità ***vanno rispettati.***/I limiti di velocità ***devono essere rispettati.***
2. Allacciare le cinture.
   ____
3. Mantenere la distanza di sicurezza.
   ____
4. Utilizzare la corsia più libera a destra.
   ____
5. In caso di incidente mettere il triangolo a 90 metri di distanza dall'auto.
   ____
6. In autostrada accendere i fari anabbaglianti anche durante il giorno.
   ____
7. Non bere alcolici durante il viaggio.
   ____
8. Prima di partire controllare le condizioni del veicolo.
   ____
9. Far sedere i bambini nel seggiolino.
   ____
10. Indicare sempre con la freccia il cambiamento di corsia.
   ____

(adattato dal dépliant pubblicitario *Milano mare*)

5 *Il caffè*

a. Completa il testo usando la forma passiva con il "si".

CHE COS'È

La "Coffea Arabica" ____________ (*coltivare*) sia al livello del mare che in montagna. La pianta diventa produttiva verso i sei anni di età e può durare fino a 30 anni. Il caffè ______________ (*raccogliere*) due o tre volte all'anno. I frutti ________________ (*seccare*) all'aria aperta, poi ______________ (*aprire*) e _______________ (*prendere*) i grani che ________________ (*fare*) seccare in forno. Da un quintale di frutti _______________ (*ricavare*) circa 20 chili di caffè. Prima di essere consumato, il caffè ______________ (*tostare*): questa operazione si chiama torrefazione. Il caffè _______________ (*riscaldare*) lentamente fino a una temperatura di 200-220 gradi e ________________ (*mescolare*) continuamente in modo da dargli il tipico aroma e renderlo più solubile in acqua. In Italia ci sono molte torrefazioni dove si può bere un ottimo caffè appena tostato.

b. Ora usa la forma passiva con il verbo "andare".

COME SI FA

In Italia, il modo più tradizionale di preparare il caffè è con la caffettiera "napoletana". È una macchinetta composta da due contenitori uniti da un filtro che ________________ (*riempire*) con polvere di caffè. L'acqua _______________ (*versare*) nella parte alta che poi _______________ (*rovesciare*) e ______________ (*mettere*) a contatto con il fuoco. Quando l'acqua bolle, la macchinetta _________________ (*capovolgere*) un'altra volta, così l'acqua che passa attraverso il caffè scende nella parte bassa della caffettiera. Il caffè preparato in questo modo ha un aroma e un sapore inconfondibili. Provare per credere!

6 *La storia della pizza*

Riscrivi il testo trasformando i verbi *in corsivo* dalla forma attiva alla forma passiva, facendo le modifiche necessarie, come nell'esempio.

In tempi antichissimi la pizza era una specie di focaccia di grano che i Romani *chiamavano* "picea", da cui deriva "pizza". La *riempivano* con una farcitura, poi la *piegavano* in due e la *cuocevano* su pietre riscaldate: si trattava, insomma, di un calzone. La forma attuale della pizza risale all'inizio del XIX secolo, quando il pomodoro divenne il protagonista di questo piatto. A Napoli, nel 1830, *aprirono* la prima pizzeria. Prima di allora dei pizzaioli ambulanti *preparavano* e *vendevano* le pizze per la strada. *Amavano* la pizza soprattutto le classi sociali più povere, ma poi la *apprezzarono* anche gli aristocratici. Il pizzaiolo Raffaele Esposito *inventò* la pizza "Margherita" nel 1889 in onore della regina Margherita di Savoia e fu proprio per lei che *scelse* ingredienti che avevano gli stessi colori della bandiera italiana: il basilico per il verde, la mozzarella per il bianco e il pomodoro per il rosso.

In tempi antichissimi la pizza era una specie di focaccia di grano che dai Romani ***era/veniva chiamata*** "picea", da cui deriva "pizza". ____

____

____

____

____

____

____

7 *La classifica europea dell'onestà: primi i nordici, ultimi gli svizzeri*

Riscrivi il testo trasformando i verbi *in corsivo* dalla forma attiva alla forma passiva facendo le modifiche necessarie come nell'esempio.

La rivista "Reader's Digest" *ha realizzato* un'inchiesta originale e interessante.
I giornalisti *hanno distribuito* in 20 città europee 200 portafogli, cioè 10 in ogni località. In ognuno *avevano messo* 50 euro, indirizzo e numero di telefono del proprietario. Poi *hanno calcolato* il "tasso di onestà" in modo semplice, cioè in base ai portafogli che la gente *ha restituito* intatti ai proprietari. Ecco i risultati: in Norvegia e in Danimarca *hanno ridato* ai proprietari tutti i portafogli. In Finlandia 8, in Svezia 7. Invece in Svizzera, a Losanna, solo 2 portafogli su 10 sono ritornati indietro. Ma la percentuale europea di onestà è comunque abbastanza alta: le persone *hanno rispedito* all'indirizzo indicato 116 portafogli su 200 e non *hanno* neanche "*toccato*" il denaro contenuto. Tedeschi, austriaci, inglesi, belgi, spagnoli e portoghesi *hanno riconsegnato* solo la metà dei portafogli trovati. E in Italia? Considerata la reputazione che abbiamo, non è andata poi così male: *abbiamo reso* ai proprietari un po' meno della metà dei portafogli trovati. E, come "premio di onestà", "Reader's Digest" *ha regalato* i 50 euro del portafoglio agli onesti. In generale si è osservato che i più corretti sono stati i giovani e gli immigrati, che normalmente hanno meno soldi e che in teoria avrebbero una maggiore necessità di denaro. Infatti i signori di mezz'età, ben vestiti e con l'aria distinta, si sono tenuti la somma. Ma si sa, l'apparenza inganna e l'abito non fa il monaco.

(adattato dal *Corriere della Sera*)

Un'inchiesta originale e interessante ***è stata realizzata*** dalla rivista "Reader's Digest". ____________

____

____

____

____

____

____

____

8 *Rifletti sulla lingua*

A che cosa serve la forma passiva? Segna con una X quali funzioni esprime in ogni esercizio. Ci possono essere più funzioni nello stesso testo.

	spiegare regole e procedure	raccontare fatti	fare critiche in modo indiretto
Denunciata per foto al funerale			
Notizie di cronaca			
Sei consigli per mangiare sano			
Dieci regole per viaggiare sicuri			
Il caffè			
La storia della pizza			
La classifica europea dell'onestà			

I modi indefiniti

- *I modi indefiniti sono tre: l'**infinito**, il **gerundio** e il **participio**. Si chiamano "indefiniti" perché non specificano il soggetto. Si usano in frasi chiamate "implicite". Le frasi "implicite" possono essere trasformate in "esplicite" coniugando il verbo in un modo finito (indicativo, condizionale, imperativo, congiuntivo).*

Questa volta so **di avere** ragione. (*implicita*)
Questa volta so **che ho** ragione. (*esplicita*)

Tornando a casa, mi fermo da te. (*implicita*)
Mentre torno a casa, mi fermo da te. (*esplicita*)

Preso il giornale, sono andato al bar. (*implicita*)
Dopo che ho preso il giornale, sono andato al bar. (*esplicita*)

L'infinito

- *L'infinito ha due forme, una **semplice** e una **composta**.*

Spero di **capire** tutte le istruzioni.
(*infinito semplice*)

Spero di **aver capito** tutte le istruzioni.
(*infinito composto*)

- *L'**infinito semplice** ha tre desinenze:*
  -are; ***-ere;*** ***-ire***

Mangi**are**, ved**ere** gli amici, dorm**ire**: solo questo ti piace fare!

- *L'**infinito composto** si costruisce con l'infinito di **essere/avere** + il **participio passato.** Quando si usa **essere**, il participio passato concorda con il soggetto a cui si riferisce.*

Dopo **essere partiti**, si sono ricordati di non **aver preso** il passaporto.

- *I **pronomi** vanno sempre dopo l'infinito e formano con esso una sola parola. La "e" finale dell'infinito cade. Se con l'infinito composto c'è un **pronome diretto**, il participio passato concorda con esso.*

\- Sei andata a prendere i bambini a scuola?
\- Sì e dopo aver**li** accompagnat**i** in piscina, mi hanno chiesto di portar**li** anche al parco.

- *L'**infinito semplice** indica **contemporaneità** o **posteriorità** rispetto al presente, al passato e al futuro.*

Lavoro / Lavoravo / Lavorerò } per **vivere**.

- *L'**infinito composto** indica **anteriorità** rispetto al presente, al passato e al futuro.*

Dopo **aver mangiato**, { faccio / ho fatto un pisolino. / farò

Uso dell'infinito

- *L'infinito si può usare sia in* ***frasi indipendenti*** *che* ***dipendenti****.*

Cuocere la pasta per 9 minuti.
(*frase indipendente*)

Vorrei **fare** il giro del mondo.
(*frase dipendente: "fare" dipende da "vorrei"*)

- *Si usa in maniera* ***indipendente*** *per dare istruzioni e ordini.*

Accendere il computer, **inserire** il CD e **aprire** il file. Non **scrivere** la password.

- *Si usa in maniera* ***dipendente****:*
  - con i verbi ***servili*** *(dovere, potere, volere) e fraseologici (vedi a pag. 150).*

Devo ricordarmi di telefonare ad Anna.

Il film **sta per cominciare**.

- in molte frasi implicite:

	FORMA IMPLICITA	FORMA ESPLICITA
insieme ai verbi di percezione ***vedere*** *e* ***sentire****;*	**Ho visto** il treno **partire**. **Ho sentito** qualcuno **urlare**.	**Ho visto che** il treno **partiva**. **Ho sentito che** qualcuno **urlava**.
*con i verbi che vogliono la preposizione "****di****";*	**So di aver sbagliato**. **Hanno deciso di comprare** una macchina.	**So che ho sbagliato**. **Hanno deciso che compreranno** una macchina.
*con valore temporale (****quando?****);*	**Dopo aver spedito** il fax, la segretaria è andata in direzione.	**Dopo che aveva spedito** il fax, la segretaria è andata in direzione.
*con valore causale (****perché?****);*	Hanno preso la multa **per essere passati** con il rosso.	Hanno preso la multa **perché sono passati** con il rosso.
*con valore finale (****con quale scopo?****);*	Marco aveva portato le foto **per farcele vedere**.	Marco aveva portato le foto **affinché** le **vedessimo**.
*con valore consecutivo (****con quale conseguenza?****);*	Ero così stanco **da dormire** in qualunque posto.	Ero così stanco **che avrei dormito** in qualunque posto.
*con valore modale (****come?****);*	Se ne andarono **senza avvertirci**.	Se ne andarono **senza che noi lo sapessimo**.
*con valore eccettuativo (****eccetto****);*	In casa mio marito fa tutto, **tranne stirare**.	In casa mio marito fa tutto, **ma non stira**.
*con valore ipotetico (****se****).*	Mi arrabbierei **a sentire** quelle parole.	Mi arrabbierei **se sentissi** quelle parole.

- *L'infinito può avere anche valore di sostantivo.*
  In questo caso di solito è accompagnato da un articolo determinativo maschile.

Tra **il dire** e **il fare** c'è di mezzo il mare.

Esercizi sull'infinito

1 ***La crostata dell'Adriana***

Leggi la ricetta e trasforma i verbi usando l'infinito semplice o composto, come nell'esempio.

Ingredienti:

200 gr. di zucchero
200 gr. di burro
1 uovo intero e due tuorli
400 gr. di farina bianca
un barattolo di marmellata
un pizzico di sale
buccia di limone grattugiata

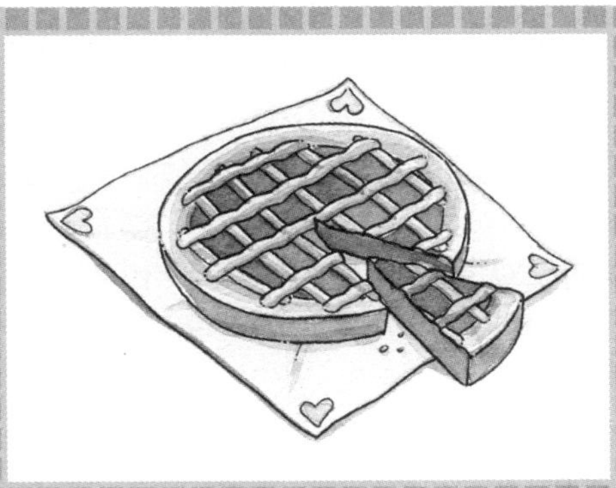

1. Mescola la farina con lo zucchero, mettili su un piano e fai un buco al centro. Rompici dentro le uova.	***Mescolare la farina con lo zucchero,***……………
2. Impasta il tutto con le mani e, dopo che hai fatto ammorbidire il burro, uniscilo all'impasto.	……………
3. Grattugia la parte gialla della buccia di mezzo limone e aggiungila all'impasto, insieme ad un pizzico di sale.	……………
4. Dopo che hai lavorato la pasta per qualche minuto, fai una palla, mettila in una ciotola e coprila con un tovagliolo.	……………
5. Nel frattempo prendi una tortiera e rivestila di carta da forno. Accendi il forno a 180°.	……………
6. Dopo che l'hai lasciata riposare per mezz'ora in un luogo fresco, prendi la pasta, tienine da parte circa ¼ e stendi il resto nella tortiera: premila leggermente con il palmo della mano per non romperla.	……………
7. Rialza un po' i bordi e distribuisci la marmellata sulla torta.	……………
8. Con la pasta tenuta da parte fai delle strisce e stendile sulla crostata da lato a lato.	……………
9. Metti in forno per circa 20 minuti.	……………
10. Buon appetito!	……………

2 ***Notizie***

Trasforma le parti sottolineate dalla forma esplicita alla forma implicita, usando l'infinito semplice o composto.

1. I lavoratori Atm hanno minacciato che faranno uno sciopero senza regole a partire dal prossimo dicembre.
2. I residenti della zona di San Siro, dopo che avevano passato numerose notti in bianco a causa dei concerti allo stadio, hanno presentato un esposto al sindaco.
3. I nonni di un bimbo di sette anni hanno deciso che chiederanno la tutela del nipotino. Il piccolo, che per anni ha visto che i genitori litigavano in continuazione, ha detto che non vuole più abitare con loro.
4. Mentre apriva una bottiglia di acqua minerale, un uomo si è accorto che l'acqua aveva un forte odore di ammoniaca e l'ha portata immediatamente al commissariato affinché la analizzassero.
5. Allarme in metro: un uomo italiano di 65 anni, probabilmente squilibrato, dopo che aveva spruzzato in faccia a un giovane brasiliano una sostanza al peperoncino, è sparito in mezzo agli altri passeggeri.
6. Un uomo di 40 anni è finito in carcere perché aveva baciato violentemente sulla guancia e sul collo una diciassettenne sconosciuta.

(adattato da *Metro*)

Il gerundio

- *Il gerundio ha due forme, una* ***semplice*** *e una* ***composta****.*

Sbagliando s'impara!
(gerundio semplice)

Avendo sbagliato, ho chiesto scusa.
(gerundio composto)

- *Il* ***gerundio semplice*** *si costruisce così:*
  -are → -ando   -ere/-ire → -endo.

Mangi**ando** meglio, prend**endo** quelle medicine e dorm**endo** molto, guarirà presto.

- *Il* ***gerundio composto*** *si costruisce con il gerundio di* ***essere/avere*** *+ il* ***participio passato****. Quando si usa* ***essere****, il participio passato concorda con il soggetto a cui si riferisce.*

Essendo ingrassata così tanto e non **avendo** mai **fatto** sport, Marta farà fatica a perdere peso.

- *I* ***pronomi*** *vanno sempre dopo il gerundio e formano con esso una sola parola. Se con il gerundio composto c'è un* ***pronome diretto****, il participio passato concorda con esso.*

Preparando**ci** insieme per l'esame, siamo diventate amiche.

Avendo**la** aiutat**a** a preparare gli esami, ho passato molto tempo con lei.

- *Il* ***gerundio semplice*** *indica un'azione che si svolge* ***contemporaneamente*** *alla principale, la quale può essere al presente, al passato o al futuro.*

Viaggiando { conosco molta gente. / ho conosciuto molta gente. / conoscerò molta gente.

- *Il **gerundio composto** indica un'azione che si è svolta **prima** rispetto alla principale, la quale può essere al presente, al passato o al futuro.*

Avendo studiato { passo gli esami. / ho passato gli esami. / passerò gli esami.

- *Quando il soggetto della subordinata è diverso da quello della principale, è meglio specificarli entrambi; inoltre, la posizione della virgola cambia.*

Essendo assente, **il professore** non ha potuto fare l'esame. *(soggetto uguale)*

Essendo assente **il professore**, Giulio non ha potuto fare l'esame. *(soggetti diversi)*

Uso del gerundio

Il gerundio si usa soltanto in frasi dipendenti implicite. Può avere valore:	FORMA IMPLICITA	FORMA ESPLICITA
*modale (**come?**);*	**Facendo** molta esperienza, è diventato un ottimo insegnante.	**Ha fatto** molta esperienza **e in questo modo** è diventato un ottimo insegnante.
*consecutivo (**e quindi**);*	Ha vissuto molti anni in Germania, **imparando** benissimo il tedesco.	Ha vissuto molti anni in Germania **e quindi ha imparato** benissimo il tedesco.
*causale (**siccome**);*	**Avendo saputo** che c'erano i saldi, sono andati a fare spese.	**Siccome hanno saputo** che c'erano i saldi, sono andati a fare spese.
*temporale (**quando?**);*	**Tornando** a casa, mi sono fermata a comprare il pane.	**Mentre tornavo** a casa, mi sono fermata a comprare il pane.
*ipotetico (**se**);*	**Potendo**, andrebbero in vacanza sei mesi all'anno.	**Se potessero**, andrebbero in vacanza sei mesi all'anno.
*concessivo (**anche se**). In questo caso, per dare valore concessivo alla frase, bisogna mettere "**pur**" davanti al gerundio.*	**Pur avendo viaggiato** molto, non conosce nulla delle altre culture.	**Anche se ha viaggiato** molto, non conosce nulla delle altre culture.

Esercizi sul gerundio

1 ***La protesta di un tranviere***

Completa l'articolo coniugando i verbi al gerundio semplice e poi scrivi accanto ad ognuno di essi il valore corrispondente, come nell'esempio. I verbi sono in ordine.

È successo ieri a Milano: un tranviere di 26 anni, Cosimo G., voleva suicidarsi ***---1---*** i fili della corrente elettrica. L'uomo ha fatto questo gesto disperato ***---2---*** davanti alla sede centrale dell'Atm*: ha fermato il tram, è salito sul tetto e ha minacciato di uccidersi ***---3---*** ai fili elettrici. La polizia è arrivata subito ed è riuscita a convincere l'uomo a scendere. Il tranviere ha motivato il suo gesto ***---4---*** di aver fatto richiesta di trasferimento a Palermo, dove vive la sua famiglia, ben due anni fa e di non avere ancora ottenuto nulla. L'Atm ha spiegato che, ***---5---*** , accontenterebbe volentieri il signor Cosimo G. Purtroppo, però, la persona che dovrebbe sostituirlo, pur ***---6---*** disponibile, non ha ancora terminato il periodo di addestramento. ***---7---*** evitare gesti inconsulti, l'Atm ha staccato la corrente elettrica nella zona, ***---8---*** numerosi tram e ***---9---*** problemi alla viabilità. Per l'uomo è scattata la denuncia per interruzione di pubblico servizio.

(adattato da *Leggo Milano*)

**ATM: Azienda Trasporti Milanesi.*

toccare *passare* *appendersi* *spiegare* *potere* *essere* *volere* *bloccare* *causare*

	VERBO	VALORE
1.	*toccando*	*modale*
2.	....	....
3.	....	....
4.	....	....
5.	....	....
6.	....	....
7.	....	....
8.	....	....
9.	....	....

2 ***All'università***

Paolo ha deciso di iscriversi all'università. Trasforma le parti <u>sottolineate</u> dalla forma esplicita alla forma implicita usando il gerundio semplice.

1. <u>Mentre compilava</u> il modulo di iscrizione, si è accorto che gli mancava un documento.

____

2. <u>Siccome è</u> studente, non è indipendente dal punto di vista economico.

____

3. <u>Se vuole</u> finire gli esami in tempo, dovrà studiare molto.

____

4. <u>Anche se sa</u> che la facoltà di Ingegneria è molto impegnativa, ha deciso di iscriversi lo stesso.

____

5. Dopo l'università farà esperienza <u>e diventerà</u> così un bravo professionista.

____

3 *Strano, ma vero!*
Completa queste notizie utilizzando il gerundio semplice o composto.

a. A New York un uomo, ____________________ (*picchiare*) più volte la moglie, è stato processato e condannato ad "abbracciare la sua sposa, a lungo e teneramente, tutte le mattine per dieci mesi". Il giudice, però, gli ha alleviato la pena __________________ (*esentarlo*) dall'obbligo la domenica e nelle altre festività!

b. Qualche tempo fa, quattro ladri, sorpresi dai Carabinieri a rubare in una casa di Teano, in provincia di Caserta, sono fuggiti _______________________________ (*buttarsi*) da un balcone e ______________________ (*cadere*) proprio sopra la loro macchina. ______________________________________ (*danneggiarsi*) molto gravemente a seguito di questo "incidente", l'auto non è stata più utile ai ladri i quali, rimasti a piedi, sono stati arrestati dalla Polizia.

c. Dura vita per i bugiardi... Secondo quanto afferma un neurologo statunitense, l'uomo, _____________________ (*mentire*), muove leggermente l'alluce...

d. Un'anziana ottantenne di Milano, ____________________________________ (*accorgersi*) che un ladro le stava sfilando il portafoglio dalla borsa, non si è persa d'animo. Ha reagito prontamente, __________________________ (*dare*) al criminale due violenti schiaffoni e ___________________________ (*strappargli*) di mano il portafoglio. Subito dopo la vecchietta ha cominciato a gridare, __________________________ (*fare*) così arrestare il giovane delinquente.

(adattato da *La Settimana Enigmistica*)

Il participio

- *Il participio ha due forme: il **participio presente** e il **participio passato**.*

La televisione ha appena dato una notizia **allarmante**. (*participio presente*)

I viaggiatori, **allarmati**, si sono rivolti all'Ambasciata. (*participio passato*)

- *Il **participio presente** si costruisce così:*
  -are → -ante
  -ere → -ente
  -ire → -ente/-iente

L'uomo ha ucciso la moglie e il suo am**ante**.
La squadra vinc**ente** avrà un premio.
Aumentano le tasse per il contribu**ente**.
Le lasagne sono un piatto nutr**iente**.

- *Il **participio passato** si costruisce così:*
  -are → -ato
  -ere → -uto
  -ire → -ito
  Per le forme irregolari, vedi pag. 19.

Pag**ato** il conto, siamo usciti dal ristorante.
È il libro più vend**uto** del mese.
Usc**ito** di casa, sono andato al bar.

- *I pronomi vanno sempre dopo il participio e formano con esso una sola parola.*

Accorto**si** della truffa, ha denunciato il fatto alla Polizia.

- *Il participio, oltre alla sua originaria **funzione verbale**, può avere il valore di **aggettivo** e di **sostantivo**.*

Laureatosi con 110 e lode, ha vinto una borsa di studio. (*funzione verbale*)

Cerchiamo una segretaria **laureata**. (*aggettivo*)

Per i **laureati** non è facile trovare lavoro. (*sostantivo*)

Il participio con funzione verbale

- *Il **participio presente** con funzione verbale si usa solo nel registro burocratico.*

Il testimone **dichiarante** il falso commette reato. (*forma implicita*).

Il testimone **che dichiara** il falso commette reato. (*forma esplicita*)

- *Il participio passato di solito indica **anteriorità** rispetto alla principale e ha diversi valori:*

	FORMA IMPLICITA	FORMA ESPLICITA
*temporale (**quando?**);*	**Usciti** i genitori, i figli hanno fatto una festa.	**Dopo che** i genitori **erano usciti,** i figli hanno fatto una festa.
*causale (**siccome**);*	**Preoccupati** per il loro ritardo, li abbiamo chiamati sul telefonino.	**Siccome eravamo preoccupati** per il loro ritardo, li abbiamo chiamati sul telefonino.
*concessivo (**anche se**);*	**Ricevute** molte critiche, ha continuato comunque il suo progetto.	**Anche se ha ricevuto** molte critiche, ha continuato comunque il suo progetto.
*relativo (**che**);*	Gli automobilisti ingiustamente **multati** possono fare ricorso.	Gli automobilisti **che sono stati** ingiustamente **multati** possono fare ricorso.
*ipotetico (**se**). In questo caso indica **contemporaneità** rispetto alla frase principale.*	**Bevuta** calda, la birra non è buona.	**Se viene bevuta** calda, la birra non è buona.

- *L'accordo del participio passato dipende dal tipo di verbi usati:*
  - *quando sono **transitivi** concordano con il **complemento oggetto**;*
  - *quando sono **intransitivi** e vogliono l'ausiliare **essere** concordano con il **soggetto**.*

Spedit**a** **la lettera**, mi sono accorto che avevo sbagliato l'indirizzo.

Salit**i** sul treno, **i ragazzi** cominciarono a chiacchierare.

Il participio con funzione di sostantivo e aggettivo

- *Il **participio presente** si usa soprattutto come **sostantivo** o **aggettivo** con valore relativo.*

Mi ha regalato un **brillante**. (*sostantivo*)

Claudia è una donna **brillante**. (*aggettivo*)

- *Anche il **participio passato** può essere usato come **sostantivo** o **aggettivo**.*

Si cercano **diplomati** per lavoro part-time. (*sostantivo*)

Si cercano ragazzi **diplomati** per lavoro part-time. (*aggettivo*)

- *In questi casi il participio si accorda seguendo le stesse regole di genere e numero dei sostantivi e degli aggettivi.*

Tutti gli insegnant**i** devono essere laureat**i**.

Il participio è spesso usato nello stile burocratico:

Il **presidente**, **visti** i documenti **presentati** e **considerate** le prove **svolte**, ha dichiarato idonei i **partecipanti** al concorso.

Esercizi sul participio

1 ***Qualcosa o qualcuno che...***
Completa lo schema coniugando i verbi al participio presente.

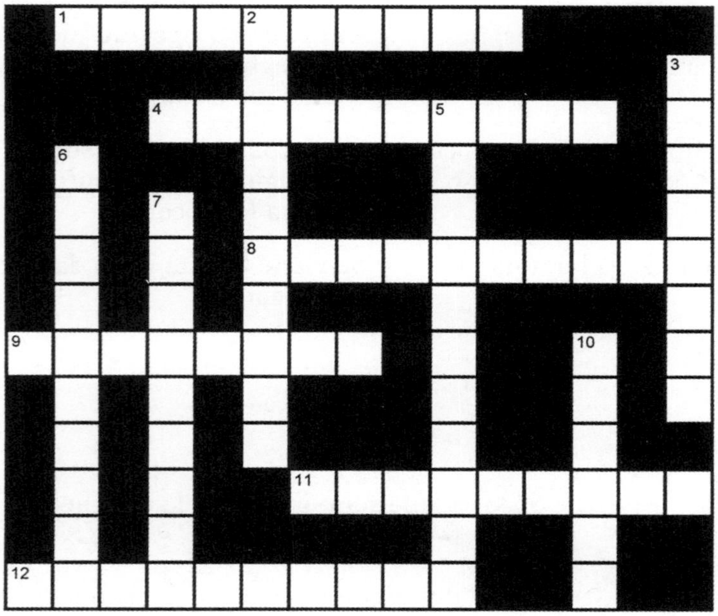

ORIZZONTALI →
1 La persona che vive insieme con un'altra.
4 La persona che assiste.
8 Il proprietario di un negozio.
9 Una medicina che calma.
11 Qualcosa che stanca.
12 Una cosa che deterge.

VERTICALI ↓
2 La persona che insegna.
3 Il biglietto che vince.
5 Qualcosa che emoziona.
6 Qualcosa che permane.
7 L'oggetto che stampa.
10 La persona che ama o che ha una passione per qualcuno o qualcosa.

2 ***Università: norme per l'iscrizione***
Completa il testo coniugando i verbi al participio presente o passato. I verbi sono in ordine.

Titoli di ammissione
A norma dell'art.6 del D.M. 3.11.99, n.509, per essere ammessi ad un corso di laurea di primo livello occorre essere in possesso di un diploma di scuola secondaria superiore o di altro titolo di studio ______________ conseguito all'estero.

Studenti ________________ da altre università.
Gli studenti già ______________ presso altre Sedi universitarie che intendano trasferirsi presso questa Università devono presentare domanda di pre-iscrizione entro il termine e con le modalità ______________. I trasferimenti potranno avvenire solo per le annualità ______________ dei corsi di laurea del nuovo ordinamento. I ______________ studenti dovranno allegare alla domanda, oltre ai documenti ______________ ai ______________ punti, un'auto-certificazione ______________ l'iscrizione universitaria presso altra Sede e gli esami ______________ dei quali si chiede la convalida, nonché le fotocopie dei programmi ufficiali.

(adattato da *Guida dello Studente*, Università degli Studi di Bergamo)

equivalere	*provenire*	*iscriversi*	*indicare*	*attivare*
predire	*richiedere*	*precedere*	*attestare*	*superare*

Esercizi sugli indefiniti

1 *Saggezza... verbale*
Completa i proverbi mettendo al posto giusto i verbi della lista.

cantando morire fatta bagnata perseverare disfare avvisato credere mangiando toccare lasciare sbagliando potere crescente fare morto

_____________ si impara.
Partire è un po' _____________.
Gobba a ponente, luna ___________. Gobba a levante, luna calante.
Sposa ____________, sposa fortunata.
Uomo ___________, mezzo salvato.
Chi vive sperando, muore ___________.
Provare per _________________.
Cosa ________, capo ha.
Volere è _________.
Tra il dire e il __________ c'è di mezzo il mare.
Errare è umano, ____________ è diabolico.
__________ un Papa, se ne fa un altro.
Guardare e non ___________ è una cosa da imparare.
Fare e ________ è tutto un lavorare.
L'appetito vien _________________.
Prendere o ___________________!

2 *Rimedi contro la stanchezza*
Completa l'intervista con i verbi al gerundio o all'infinito.

Come combattere la stanchezza? Semplice: ______________ (*muoversi*). Infatti, non è il riposo che manca alle persone che accusano questo sintomo, bensì l'attività fisica. Ne parliamo con Enrico Arcelli, medico dello sport ed esperto di alimentazione.

Quali rischi si corrono se non si fa una vita attiva?
______________ (*fare*) una vita sedentaria, aumentano i rischi di patologie cardiovascolari.

L'aumento di peso è un indicatore di scarso movimento?
Non sempre. C'è chi, pur non ______________ (*praticare*) nessuna attività fisica, resta magro e dunque pensa di essere in forma: un grande errore.

Che cosa fare per cominciare, soprattutto se finora non si è praticato nessuno sport?
Consiglio a tutti di camminare. Camminando ogni giorno e ______________ (*sforzarsi*) di allungare costantemente la distanza percorsa, miglioriamo la nostra capacità di deambulazione. ______________ (*cominciare*) con dieci minuti, si può ______________ (*arrivare*) a una media di mezz'ora al giorno.

Prima di iniziare a fare un'attività fisica bisogna sottoporsi a una visita medica?
Sarebbe senza dubbio l'ideale ______________ (*andare*) in un centro di medicina dello sport per ______________ (*ottenere*) tutti i consigli utili.

Qual è il modo giusto di camminare?
Va bene qualsiasi modo di camminare. Il Ministero della Sanità inglese, per esempio, ha consigliato ai londinesi di prendersi un cane: ________________ (*portarlo*) a spasso si riduce il rischio d'infarto del 25%. È meglio comunque ________________ (*usare*) scarpe comode, preferibilmente tecniche, e ________________ (*scegliere*) percorsi pianeggianti. Si possono trarre benefici anche dal clima, ______________ (*uscire*) d'inverno nelle ore più calde e d'estate il mattino presto o dopo il tramonto.

A casa che esercizi si possono fare?
La cyclette è altrettanto valida in alternativa al ________________ (*camminare*) o per integrarlo. E si può pedalare ________________ (*guardare*) la tv oppure ________________ (*leggere*).

(adattato da *Grazia*)

3 *Gli italiani e il tempo libero*

a. Completa il testo coniugando i verbi all'infinito, al gerundio o al participio, come nell'esempio.

Si sente spesso la gente ***ripetere*** (*ripetere*) **(1)**:"Chi ha poco tempo libero, lo cerca. Chi ne ha troppo non sa come utilizzarlo." È un ritornello così frequente da ________________ (*sembrare*) **(2)** un luogo comune. Secondo un'indagine Istat c'è una novità ________________ (*sorprendere*) **(3)**: gli italiani non sono poi così insoddisfatti del loro tempo libero. Tutti si lamentano di non ________________ (*averne*) **(4)** mai a sufficienza, poi però risulta che il 58% degli italiani è abbastanza contento del riposo di cui riesce a godere. Purtroppo non è così per tutti: chi continua a lavorare anche dopo ______________ (*tornare*) **(5)** a casa, per esempio, ne ha sempre bisogno. Sono soprattutto le donne: ______________ (*terminare*) **(6)** gli impegni di lavoro fuori, iniziano quelli tra le mura domestiche. E gli uomini le aiutano raramente: in casa sanno praticamente "fare" tutto, senza ______________ (*essere*) **(7)** però costanti nell'impegno. Per intenderci, cucinano benissimo ma lo fanno solo una volta ogni tanto!
"Staccare" è anche la necessità di avere dei rapporti autentici con i figli e con gli amici più stretti. Sembrerà una banalità ma, ____________________ (*lavorare*) **(8)** con ritmi molto intensi e ______________ (*avere*) **(9)** dei bambini, è chiaro che il tempo non dedicato al lavoro è principalmente per loro. E allora, ______________________ (*potere*) **(10)** scegliere, è meglio dedicare i momenti liberi interamente alle persone care e alle cose che ci piace fare. Per esempio, si può sfruttare un viaggio di lavoro ____________________________ (*partire*) **(11)** un giorno o due prima e ____________________ (*fare*) **(12)** un po' di turismo culturale. Insomma, unire l'utile al dilettevole.

(adattato da *Grazia*)

b. Trascrivi nella colonna a sinistra il modo indefinito che hai usato e scrivi accanto ad ognuno il valore corrispondente, come nell'esempio. Se hai bisogno di aiuto, puoi guardare la lista qui sotto.

modo indefinito	valore	modo indefinito	valore
1. *infinito semplice*.....	*con verbi di percezione*..	7.	....
2.	....	8.	....
3.	....	9.	....
4.	....	10.	....
5.	....	11.	....
6.	....	12.	....

ipotetico aggettivo temporale ipotetico modale
modale con verbi + 'di' consecutivo ipotetico temporale modale ***con verbi di percezione***

4 *Siamo senza parole*

Completa l'articolo usando il participio, il gerundio o l'infinito.

Nel mondo della comunicazione globale siamo sempre più poveri di parole. L'espressione scarna, la mancanza di vocaboli, le ripetizioni delle stesse parole rappresentano un fenomeno diffuso. Tuttavia, la qualità di una lingua non è nella quantità di vocaboli, ma nell' _______________ (*essere*) capaci di far corrispondere le parole ai pensieri. Una lingua evolve anche con le "storture" ____________________ (*derivare*) dagli sms, dalle chat, dal computer. È un errore trarre conclusioni negative ______________ (*valutare*) solo il numero di parole ______________ (*utilizzare*). Alcuni neologismi sono "americaneggianti", altri __________ (*trarre*) dal tecnicismo del computer ("chattare", "scannerizzare", ecc.), altri ancora ________________ (*prendere*) da altre lingue perché in italiano non esiste il __________________ (*corrispondere*). Inoltre, l'inquinamento linguistico ____________________ (*attribuire*) all'uso degli sms, in realtà risponde perfettamente allo scopo. Per una comunicazione da cogliere al volo, funziona bene la *x* al posto di *per*, *cmq* per *comunque*, *tvb* per *ti voglio bene* e *6* per dire *tu sei*. _____________ (*dire*) questo, non vogliamo dire che sia meglio o peggio rispetto al passato. Ma la lingua cambia, con processi che possono essere ________________ (*irritare*) perché sembrano impoverirla, contaminarla o manipolarla. Una lingua non va giudicata per la quantità di vocaboli che la gente utilizza. Oggi, una delle grandi sfide linguistiche sta nel _____________ (*riuscire*) a esprimere concetti complessi con elementi semplici e comprensibili per tutti.

(adattato da *Grazia*)

I verbi fraseologici

- *I verbi fraseologici possono essere di due tipi: **aspettuali** e **causativi**.*

Ho iniziato a leggere un bel libro. (*aspettuale*)
Ho fatto mangiare i bambini. (*causativo*)

I verbi aspettuali

- *I **verbi aspettuali** indicano un particolare "aspetto" dell'azione come l'imminenza, l'inizio, lo svolgimento, la continuità e la conclusione. Sono accompagnati da un **gerundio** o da un **infinito** preceduto da una preposizione.*

- Perché non **smetti di fumare**?
- Ci **sto provando**, ma non **riesco a stare** più di due giorni senza una sigaretta.

I verbi aspettuali si usano per indicare:

*un'azione in corso: **stare** + **gerundio**;*	Quando siete arrivati **stavo preparando** la cena.
*un'azione che sta per accadere: **stare per**, **essere sul punto di**, **essere lì lì per** + **infinito**;*	**Stavo per comprare** quel vestito, ma mi sono accorta che era macchiato.
*un'azione che inizia: **cominciare a**, **mettersi a** + **infinito**;*	Miguel **ha cominciato a studiare** l'italiano due anni fa.
*un'azione che continua nel tempo: **continuare a**, **andare avanti a**, **insistere a** + **infinito**;*	Il medico **continua a dirgli** che deve mettersi a dieta, ma Piero non vuole ascoltarlo.
*un'azione tentata: **provare a**, **cercare di**, **tentare di**, **sforzarsi di** + **infinito**;*	**Ho cercato di spiegargli** che cosa era successo, ma era troppo arrabbiato per ascoltarmi.
*un'azione che si concluderà a breve e in modo prevedibile: **finire per**, **finire con (il)** + **infinito**;*	Bambini, se continuate a correre in quel modo, **finirete per cadere** e **farvi** male.
*un'azione che finisce: **finire/finirla di**, **terminare di**, **cessare di**, **smettere/smetterla di**, **piantarla di** + **infinito**.*	Paola **ha smesso di studiare** musica a sedici anni: non le interessava più.

*Hai notato che i verbi che indicano l'inizio di un'azione vogliono la preposizione **a** e quelli che indicano la fine vogliono la preposizione **di**?*
Ho cominciato a studiare alle 10. **Ho finito di fare** i compiti alle 12.

I verbi causativi

- *Nei verbi causativi il soggetto "causa" il compimento dell'azione da parte di qualcun altro.*

Dottore, **ho fatto accomodare** i pazienti nella sala d'attesa.
(Io ho "causato" nei pazienti l'effetto di "accomodarsi")

Si usano per indicare:

- *un'azione che il soggetto fa fare a un'altra persona per raggiungere un determinato scopo:* ***far fare qualcosa a qualcuno;***

Anche se i suoi genitori **l'hanno fatto studiare** all'estero, non ha imparato le lingue.

- *un'azione che il soggetto permette ad altri di fare:* ***lasciare fare qualcosa a qualcuno;***

Siccome era una bella giornata, le maestre **hanno lasciato giocare** i bambini in giardino.

- *un'azione che il soggetto permette che altri facciano su di lui:* ***farsi/lasciarsi fare qualcosa da qualcuno.***

Il prezzo di quel mobile era così interessante che **mi sono lasciato convincere** e l'ho comprato.

Esercizi

1 ***Discussione***

Completa il testo con i verbi fraseologici della lista (non sono in ordine).

Caterina mi ha detto: "Si può sapere cosa ti è successo?" Non mi andava di parlarne. Avrei voluto ________________ mangiare e parlare d'altro, arrivarci per gradi in modo da avere io stesso un quadro più chiaro della situazione. Invece lei era lì che mi fissava, con tutti i suoi sensi in allarme, come se mi avesse sorpreso al ritorno da un appuntamento galante, e ________________ dirle: "È successo che mi sono licenziato da 'Prospettiva' e ho deciso di lavorare al mio romanzo finché riesco a pubblicarlo, voglio ________________ fare questa vita del cavolo, mezza tiepida e mezza morta." Lei ha posato il suo libro su un mobiletto, ci ha messo qualche secondo a dirmi "________________ o cosa? Io pensavo che stamattina scherzassi." Per non ________________ dalla situazione, l'ho stretta intorno alle spalle e le ho detto "________________ avere un minimo di senso dell'umorismo, per piacere". Le ho descritto la faccia di Tevigati e le facce dei miei colleghi quando me n'ero andato; ma lei non era affatto divertita. Ha detto: "Sei scemo, Roberto. Fai le cose senza pensarci. ________________ da uno come Polidori che si diverte a fare il duro in un momento di noia. Tanto sai cosa gli costa, ce lo paga lui l'affitto?" Così le ho detto: "Per favore Caterina, non ________________ fare la saggia, tanto non lo sei mai stata, per fortuna. Polidori non c'entra niente, io a 'Prospettiva' ________________ pazzo."

metterti a · *cerchiamo di* · *lasciarmi travolgere* · *cominciare a* · *ho finito per* · *stavo diventando* · *ti lasci influenzare* · *smetterla di* · *stai scherzando*

(adattato da Andrea De Carlo, *Tecniche di seduzione*)

2 *Intervista a Carlo Maria Giulini, direttore d'orchestra*

Sostituisci le parti sottolineate con la forma fraseologica più adeguata, facendo i cambiamenti necessari, come nell'esempio.

Maestro, la sua musica... è veramente finita?
Sì, quando durante un concerto ho avuto un malore, ho capito che non avrei più potuto dirigere e così ha avuto inizio il mio allontanamento dal mondo musicale. Non faccio più musica né ascolto più i miei dischi dal 1998.
Com'è nata l'attrazione per la musica?
Un giorno in una piazza di Bolzano ho visto un uomo che suonava il violino. L'ho chiesto in regalo ai miei genitori per Natale e così ho intrapreso lo studio della musica.
Come spiega le sue preferenze musicali?
Per me la musica parte da Haydn e finisce con Hindemith. Ho fatto molti tentativi di familiarizzare anche con l'antica e la moderna, ma non ci sono riuscito.
Negli ultimi anni si è dedicato molto ai giovani musicisti, come quelli dell'orchestra Verdi e della Scuola di Fiesole...
Ho fatto molti sforzi per trasmettere loro la musica con amore e dedizione. È difficile insegnare il gesto, cioè fare in modo che i sentimenti passino attraverso il corpo. Dirigere è un atto d'amore, bisogna permettere alla musica di trasportarci.
E La Scala, dove tra il '52 e il '56 ha diretto opere, tra cui La Traviata di Visconti con la Callas e Di Stefano?
È stato un periodo eccezionale. C'erano grandi voci, grandi registi e tanto tempo per provare. Ho lasciato la direzione dell'opera quando ho percepito che tutto questo sarebbe finito nel giro di pochissimo tempo. Nelle mie passeggiate quotidiane non passo mai davanti alla Scala. Non andrò a vederla restaurata.

(adattato dal *Corriere della Sera*)

1. ...e così ha avuto inizio il mio allontanamento dal mondo musicale.
e così ***ho cominciato ad allontanarmi*** dal mondo musicale____________________

2. ______________________________________

3. ______________________________________

4. ______________________________________

5. ______________________________________

6. ______________________________________

7. ______________________________________

8. ______________________________________

9. ______________________________________

10. ______________________________________

11. ______________________________________

3 *Vietato fumare sui treni*

Completa il testo con i verbi fraseologici seguendo le indicazioni della tabella, come nell'esempio.

Dal 1 marzo 2004 su tutti i treni Eurostar è vietato fumare.

1 marzo 2004 - Treno Eurostar 9436 Roma - Milano. Un signore nel corridoio (1) ***sta per*** accendere una sigaretta e una signora in pelliccia gliela (2) ________________ mettere via dicendo: "Se l'accende adesso La denuncio, giuro che La denuncio". E lui: "Ma se non fumo, (3) ________________ entrare in crisi di astinenza!". Preso dalla disperazione, il signore si infila in bagno a fumare. Mentre (4) ________________ godendosi di nascosto la sua sigaretta, qualcuno bussa alla porta e lui (5) ________________ sorprendere dal controllore che gli dice: "Ma che fa? Fuma?" E lui, dirigente di un'importante casa editrice, risponde, come uno scolaretto beccato dal bidello: "Chi? Io? Ma (6) ________________ scherzando?" con la voce tremante e il mozzicone che galleggia nel water.

Firenze, Santa Maria Novella. Appena il treno si ferma il signore si precipita giù a fumare una sigaretta con altri disperati nicotina-dipendenti. Ma scatta l'ansia del capotreno: "Se (7) ________________ scendere a fumare, accumuliamo minuti di ritardo". (8) ________________ fischiare e (9) ________________ salire precipitosamente i passeggeri.

Ore 16:01: l'Eurostar 9436 (10) ________________ arrivare alla Stazione Centrale di Milano. Il signore ha resistito per ben 200 minuti senza fumare. Appena il treno si ferma, l'incubo è finito. Il signore scende, posa le valigie, infila una sigaretta tra le labbra dicendo: "Piccola mia!" e (11) ________________ tirare profonde e lunghissime boccate di nicotina. E pensa: "È l'ultima volta che (12) ________________ convincere a venire su in treno. La prossima volta prendo la macchina, anche se tutti (13) ________________ dire di usare i trasporti pubblici. Ma il ministro Sirchia* lo sa cosa si prova?"

(adattato dal *Corriere della Sera*)

1. azione che sta per iniziare	*8. azione che inizia*
2. far fare qualcosa a qualcuno	*9. far fare qualcosa a qualcuno*
3. azione con conclusione prevedibile	*10. azione che sta per iniziare*
4. azione in corso	*11. azione che inizia*
5. azione permessa dal soggetto	*12. azione permessa dal soggetto*
6. azione in corso	*13. azione che continua nel tempo*
7. azione che continua nel tempo	

**Girolamo Sirchia, Ministro della Salute durante il secondo governo Berlusconi.*

Il discorso indiretto

	Il ***discorso diretto*** *corrisponde alle parole della persona che parla.*	*Il* ***discorso indiretto****, invece, riferisce le parole dette da altri.*
● *Il discorso indiretto di solito è introdotto da verbi come:* ***dire, chiedere, rispondere, ordinare, pregare,*** *ecc.*	Nicola ha detto: "**Voglio uscire a cena con i miei amici.**"	Nicola **ha detto che** vuole uscire con i suoi amici.
● *Nel passaggio dal discorso diretto a quello indiretto il messaggio può subire trasformazioni:*		
nei ***soggetti****;*	Sabina ha detto: "**Io** vado a piedi così **voi** potete prendere la macchina."	Sabina ha detto che **lei** va a piedi così **noi** possiamo prendere la macchina.
nei ***pronomi****;*	Carla ha detto: "Non **mi** piace la pasta."	Carla ha detto che non **le** piace la pasta.
negli ***avverbi di luogo****;*	Daniele ha detto: "**Qui** fa caldo."	Daniele ha detto che **lì** fa caldo.
nei ***possessivi****;*	Camillo ha detto: "La **mia** macchina non va bene."	Camillo ha detto che la **sua** macchina non va bene.
nei ***dimostrativi****;*	Paola ha detto: "**Questa** è una situazione difficile da risolvere."	Paola ha detto che **quella** è una situazione difficile da risolvere.
nei ***tempi verbali****;*	Ivo ha detto: "**Ho mangiato** un panino al bar."	Ivo ha detto che **aveva mangiato** un panino al bar.
il verbo ***venire*** *diventa* ***andare****.*	Alberto ha detto a Lucia: "Non posso **venire** da te perché ho l'influenza."	Alberto ha detto a Lucia che non può **andare** da lei perché ha l'influenza.
● *Quando il discorso indiretto è introdotto da verbi come* ***chiedere*** *e* ***domandare****:*		
- si usa la congiunzione ***se*** *per domande a cui si può rispondere* ***sì*** *o* ***no****;*	Luisa mi ha chiesto: "**Puoi prestarmi la tua bicicletta?**"	Luisa mi ha chiesto **se** posso prestarle la mia bicicletta.

*- per tutte le altre domande si riporta lo stesso **interrogativo**.*	Giacomo mi ha chiesto: "**A che ora** comincia il corso?"	Giacomo mi ha chiesto **a che ora** comincia il corso.
Queste frasi, che si chiamano interrogative indirette, possono avere sia l'indicativo che il congiuntivo, a seconda del registro.	Luigi mi ha chiesto: "**È** possibile noleggiare gli sci?"	Luigi mi ha chiesto se - **era** possibile noleggiare gli sci *(registro informale)* - **fosse** possibile noleggiare gli sci. *(registro formale)*
● *Nel discorso indiretto l'imperativo diventa sempre **di + infinito**.*	Aldo ha detto: "**Telefonami** alle otto!"	Aldo ha detto **di telefonargli** alle otto.

Discorso indiretto con frase principale al presente

● *Quando il verbo che introduce il messaggio è al **presente** (dice, sta dicendo che...) o al **passato prossimo recente** (ha appena detto che...), **non ci sono cambiamenti nei tempi verbali** perché non ci sono cambiamenti nelle relazioni temporali.*	Cinzia **dice**: "Da bambina **avevo** paura dei cani, ora invece mi **piacciono** molto." Pietro **ha appena detto**: "Ieri **sono stato** a Torino e **ho visto** il Museo del Cinema."	Cinzia **dice che** da bambina **aveva** paura dei cani e che ora invece le **piacciono** molto. Pietro **ha appena detto che** ieri **è stato** a Torino e **ha visto** il Museo del Cinema.

Discorso indiretto con frase principale al passato

● *Quando il verbo che introduce il messaggio è al **passato** (ha detto, aveva detto, diceva, disse che...) e si riferisce ad un'azione lontana rispetto al momento in cui viene riferito il messaggio, **ci sono cambiamenti nei tempi verbali** perché sono cambiate le relazioni temporali:*		
- il presente diventa imperfetto;	Danilo ha detto: "Il computer non **funziona** più."	Danilo ha detto che il computer non **funzionava** più.
- il passato prossimo diventa trapassato prossimo;	Il signor Ferri ha detto: "**Ho pagato** la fattura."	Il signor Ferri ha detto che **aveva pagato** la fattura.
- l'imperfetto non cambia;	Monica ha detto: "Non **avevo** abbastanza soldi."	Monica ha detto che non **aveva** abbastanza soldi.

- *il trapassato prossimo non cambia;*	Gino ha detto: "Non **avevo** mai **mangiato** un gelato così buono!"	Gino ha detto che non **aveva** mai **mangiato** un gelato così buono.
- *il passato remoto può diventare trapassato prossimo o rimanere uguale;*	Rosa ha detto: "**Andai** alla stazione a prendere Alba."	Rosa ha detto che **era andata/andò** alla stazione a prendere Alba.
- *il futuro semplice diventa condizionale composto (futuro nel passato);*	Giorgio ha detto: "Non **cambierò** idea."	Giorgio ha detto che non **avrebbe cambiato** idea.
- *il futuro anteriore diventa condizionale composto o congiuntivo trapassato;*	Pietro ha detto: "Quando **avrò finito** questo lavoro andrò in ferie."	Pietro ha detto che quando **avrebbe finito/avesse finito** quel lavoro sarebbe andato in ferie.
- *il condizionale semplice diventa condizionale composto;*	Massimo ha detto: "Mi **piacerebbe** molto andare in Guatemala."	Massimo ha detto che gli **sarebbe piaciuto** molto andare in Guatemala.
- *il condizionale composto non cambia;*	Carlo ha detto: "Non **avrei** mai **comprato** quella casa."	Carlo ha detto che non **avrebbe** mai **comprato** quella casa.
- *il congiuntivo presente diventa congiuntivo imperfetto;*	Stefano ha detto: "Spero che mia moglie **vinca** il concorso."	Stefano ha detto che sperava che sua moglie **vincesse** il concorso.
- *il congiuntivo passato diventa congiuntivo trapassato;*	Adriana ha detto: "Sono contenta che voi **abbiate superato** l'esame."	Adriana ha detto che era contenta che voi **aveste superato** l'esame.
- *il congiuntivo imperfetto non cambia;*	Luigi ha detto: "Speravo che **vi fermaste** a cena."	Luigi ha detto che sperava che **vi fermaste** a cena.
- *il congiuntivo trapassato non cambia;*	Antonio ha detto: "Credevo che tu **fossi** già **partito**."	Antonio ha detto che credeva che tu **fossi** già **partito**.
- *le costruzioni del periodo ipotetico cambiano così:*	Anna ha detto:	
se + cong. trap. + condiz. composto	"Se **impari** a usare bene il computer, **troverai** lavoro più facilmente." "Se **imparassi** a usare bene il computer, **troveresti** lavoro più facilmente." "Se **avessi imparato** a usare bene il computer, **avresti trovato** lavoro più facilmente."	Anna ha detto che se **avessi imparato** a usare bene il computer **avrei trovato** lavoro più facilmente.

- il gerundio, il participio passato e l'infinito non cambiano.

Marco ha detto: "Il professore, dopo **aver saputo** il risultato dell'esame, **apprezzando** lo sforzo **fatto**, si è congratulato con me."	Marco ha detto che il professore, dopo **aver saputo** il risultato dell'esame e **apprezzando** lo sforzo **fatto**, si è congratulato con lui.

- *Quando il discorso indiretto è introdotto da un verbo al passato, gli* ***indicatori*** *di tempo e di luogo cambiano così:*

oggi	→	*quel giorno*
ieri	→	*il giorno prima*
domani	→	*il giorno dopo*
adesso/ora	→	*allora*
qui/qua	→	*lì/là*
l'anno scorso	→	*l'anno prima*
l'anno prossimo	→	*l'anno dopo*
fra un mese	→	*dopo un mese*

Marta ha detto: "Anche **oggi**, **qui** al mare, il tempo è brutto e quindi **domani** tornerò a Roma."	Marta ha detto che anche **quel giorno**, **lì** al mare, il tempo era brutto e che **il giorno dopo** sarebbe tornata a Roma.

- *Quando riferiamo le parole dette da altri, non riportiamo proprio tutto, ma solo le informazioni che consideriamo importanti.*

Esercizi

1 *La telefonata*

Leggi questo testo e poi trasforma al discorso diretto le frasi sottolineate.

Ai primi di febbraio è arrivato un telegramma di Guido da Roma, con il numero di un albergo. Sono andato a telefonargli tre o quattro volte prima di trovarlo. Quando ci sono riuscito ero così sorpreso che quasi non l'ho salutato, gli ho solo chiesto cosa faceva in Italia. Guido ha detto che era stata una decisione improvvisa, lui e Laurie erano arrivati due giorni prima: se volevamo, ci venivano a trovare per cena. Gli ho chiesto con che treno pensavano di arrivare; lui ha detto di non preoccuparmi, si sarebbero arrangiati.

(adattato da Andrea De Carlo, *Due di due*)

Ai primi di febbraio è arrivato un telegramma di Guido da Roma, con il numero di un albergo. Sono andato a telefonargli tre o quattro volte prima di trovarlo. Quando ci sono riuscito ero così sorpreso che ho esclamato:

■ *Guido, finalmente ti ho trovato! Che cosa* ....

□ ....

....

■ ....

□ ....

2 *Che cos'è uno straniero?*

Leggi questa conversazione tra un padre e sua figlia e poi immagina che la bambina racconti ai suoi compagni di scuola quello che lui le ha spiegato.

■ Papà, cos'è uno straniero?

□ La parola straniero ha la stessa radice di "estraneo" e di "strano": indica ciò che è "di fuori", "esterno", "diverso". È qualcuno che viene da un altro Paese, vicino o lontano, qualche volta da un'altra città o un altro villaggio.

■ Quando vado in Normandia, da Nadine, sono una straniera?

□ Per gli abitanti del suo Paese, certamente sì, perché vieni da lontano e sei marocchina. Ti ricordi quando siamo andati in Senegal? Ebbene, per i senegalesi eravamo stranieri.

■ E perché i senegalesi non avevano paura di me, né io di loro?

□ Perché la mamma e io ti abbiamo insegnato a non avere paura degli stranieri, ricchi o poveri, grandi o piccoli, bianchi o neri. Non dimenticarti che siamo sempre stranieri per qualcuno, cioè siamo sempre percepiti come estranei da chi non è della nostra cultura.

L'altro giorno mio papà mi ha spiegato che cos'è uno straniero. Mi ha detto che straniero viene dalla parola "strano" e che è qualcuno che viene da un altro Paese. Allora io gli ho chiesto se.. e lui mi ha risposto ....
Poi mi ha domandato ....
e mi ha spiegato .... Allora io gli ho chiesto .... Lui mi ha risposto che lui e la mamma..
e mi ha anche detto ....

(adattato da Tahar Ben Jelloun, *Il razzismo spiegato a mia figlia*)

3 *L'inflazione vista da una bambina*

Leggi questa lettera che una bambina di 10 anni ha scritto a un giornale e immagina la conversazione utilizzando il discorso diretto.

Papà non mi vuole aumentare la paghetta. Io gli ho detto che non mi bastano 5 euro per tutta la settimana. Anche mio fratello più grande ha detto che il gelato grande lui se lo comprava a mille lire, invece adesso ci vogliono 2 euro per comprare il gelato più piccolo. Papà mi ha detto che, da quando è arrivato l'euro, non gli hanno più aumentato lo stipendio. Io gli ho detto che, siccome lui lavora dalle sette di mattina alle otto di sera e i soldi non ci bastano, è meglio andare dalla nonna a Poggio. A Poggio c'è l'orto, le galline, i conigli: un po' li possiamo mangiare e un po' li possiamo vendere, perché adesso con l'euro costano tanto. E poi papà starebbe sempre con noi. Papà mi ha detto che non vuole perché la nonna ha fatto tanti sacrifici per farlo studiare all'università. Allora io gli ho risposto che non voglio studiare all'università perché papà è povero e gli ho chiesto se, quando divento grande, potrò fare la giornalista senza andare all'università. Papà dice di no ma, siccome io non ci credo, lui mi ha detto di chiederlo a voi del giornale. Io leggo sempre i giornali che compra papà e anche il *Venerdì*. Tante cose non le capisco, ho capito, però, che gli italiani sono furibondi per gli aumenti causati dall'euro. Anch'io sono furibonda. Ho chiesto a papà se potevo scrivere al *Venerdì* e lui mi ha dato il permesso, ma mi ha detto di non mettere il cognome.

Bruna, 10 anni

(da *Il Venerdì di Repubblica*)

Bruna: Papà, 5 euro non mi bastano per tutta la settimana.

Fratello: È vero, il gelato grande io me lo compravo a mille lire e adesso ci vogliono 2 euro, ma per quello piccolo!

Papà: Sì, lo so, ma..

Bruna: ....

....

Papà: ....

Bruna: ....

....

Papà: ....

Bruna: Non ci credo.

Papà: ....

Bruna: Papà, ... al *Venerdì* di Repubblica?

Papà: Sì, ... pure ma ....

4 *Lasciate un messaggio dopo il bip*

Leggi i messaggi che alcune persone hanno lasciato sulla segreteria telefonica di Stefania Giorgi.

martedì,
23 settembre, ore 12:03
Ciao Stefania, sono Lucia. Devo parlarti. Chiamami sul cellulare o telefonami a casa dopo cena. Ciao.

martedì, 23 settembre, ore 14:10
Ciao Stefi sono Giulia, volevo salutarti perché tra due giorni andrò a Torino. Quindi giovedì non verrò in palestra. Tornerò domenica sera. Ci sentiamo, ciao

martedì, 23 settembre,
ore 9:00
Stefania, ciao sono Laura. Speravo che tu non fossi ancora uscita. Avrei voluto che vedessi le foto prima del congresso. Mi dispiace che tu non le abbia ricevute perché mi avrebbe fatto piacere avere un tuo parere.

martedì, 23 settembre,
ore 9:32
Signora Giorgi, buongiorno, sono Franzetti della GPS. Volevo dirLe che ieri ho ricevuto i documenti che mi aveva chiesto. Deve ritirarli entro il 30 settembre, in orario d'ufficio. Arrivederci

martedì, 23 settembre, ore 17:35
Ciao Stefi, sono Fabio. Quando ci vediamo? Se una di queste sere esco presto dall'ufficio, passo a prenderti e andiamo a mangiare qualcosa. Vorrei provare il nuovo vegetariano di Via Rossetti. Ti va? Baci, ciao, ciao

martedì, 23 settembre, ore 18:07
Ciao, Stefania sono Marco. Sono in ufficio: non trovo più il documento per il congresso di domani. Non so dove sia l'originale, spero che tu non l'abbia portato via per sbaglio. Chiamami appena puoi. Ho provato a cercarti anche sul cellulare, ma era spento. Ciao

a. Trasforma i messaggi dal discorso diretto al discorso indiretto, immaginando che la mamma li riferisca a Stefania il giorno stesso in cui li ha ricevuti.

Oggi…

1. Ha telefonato Lucia e ha detto che….
2. Ha telefonato Giulia e ha detto che…
3. Ha telefonato Fabio e ha detto che…
4. Ha telefonato Marco e ha detto che…
5. Ha telefonato il signor Franzetti e ha detto che …
6. Ha telefonato Laura e ha detto che…

b. Trasforma i messaggi dal discorso diretto al discorso indiretto, immaginando che la mamma li riferisca a Stefania dopo alcuni giorni che li ha ricevuti. Attenzione al cambiamento delle relazioni temporali.

Il 23 settembre…

1. Ha telefonato Lucia e ha detto che….
2. Ha telefonato Giulia e ha detto che…
3. Ha telefonato Fabio e ha detto che…
4. Ha telefonato Marco e ha detto che…
5. Ha telefonato il signor Franzetti e ha detto che …
6. Ha telefonato Laura e ha detto che…

5 ***Rifletti sulla lingua***

Dopo aver fatto l'esercizio 4b, osserva le trasformazioni che hai fatto nel passaggio al discorso indiretto e completa questa tabella riassuntiva con i nomi dei tempi verbali.

DISCORSO DIRETTO	DISCORSO INDIRETTO
INDICATIVO	INDICATIVO
presente	…………………………………
passato prossimo	…………………………………
imperfetto	…………………………………
trapassato prossimo	…………………………………
futuro semplice	…………………………………
CONDIZIONALE	CONDIZIONALE
condizionale semplice	…………………………………
condizionale composto	…………………………………
CONGIUNTIVO	CONGIUNTIVO
presente	…………………………………
passato	…………………………………
imperfetto	…………………………………
trapassato	…………………………………
IMPERATIVO	…………………………………
PERIODO IPOTETICO	PERIODO IPOTETICO
SE + presente/futuro + presente/futuro	SE + …………………………………

Soluzioni degli esercizi

1. Il presente

1. La giornata di Michela
a. mi chiamo, sono, abito, lavoro, parto, prendo, preferisco, arrivo, apro, lavoro, mangio, cerco. **b.** si chiama, è, abita, lavora, parte, prende, preferisce, arriva, apre, lavora, mangia, cerca. **c.** torna, trova, finisce, cucina, mangiano, lava, mette, fa, guarda, escono, vanno.

2. Sei felice?
1. Quando *vai* a letto che cosa *fai*? *leggo, spengo, dormo, penso.* 2. A tavola di solito *mangi* molto? *cerco, sono, mangio.* 3. Quando *sei* in vacanza in un posto nuovo, come *passi* la giornata? *faccio, esco, torno, leggo, visito.* 4. Che cosa *preferisci* fare nel tempo libero? *preferisco, ascolto, gioco, porto.* 5. Di solito *pensi* alla tua vita passata, presente o futura? *ricordo, vivo, guardo.*

3. Messaggi
1. puoi, devono/vogliono, devo; 2. posso, devi/puoi, puoi; 3. vogliamo/possiamo, vogliono, puoi.

4. Baci da __________
ho, mi trovo, faccio, dà, vengono, si conoscono, arrivo, preparo, vivo, lavora, è, stiamo, voglio, vieni, propongo/proponiamo, ci sono, conosce, aspetto/aspettiamo, mando/mandiamo. *Elena abita a* ***Perugia****.*

5. Vedi __________ e poi muori
posso, vuole, vuoi, dobbiamo, vuole, sanno, conosco, possiamo, sa, devo, so, voglio. *Yutta va in vacanza a* ***Napoli****.*

6. Il genio italiano
nasce, è, lavora, parte, progetta, va, muore, dipinge, costruisce, c'è. *Il genio italiano è* ***Leonardo da Vinci****.*

7. Una di famiglia
mi chiamo, abito, siamo, abbiamo, diventiamo, ci sentiamo, facciamo, bevono, sono, sono, ho, odio, piace, mi alzo, preparo, mette, arriva, riempie, sono, chiamo, riconosce, prende, mette, mi sento, vogliono, tengono, portano, possono.

8. Rifletti sulla lingua
La soluzione è aperta.

2. Il passato prossimo

1. E-mail
ho ricev**uto**, ho sped**ito**, ho fin**ito**, ho av**uto**, sono and**ato**, ho incontr**ato**, ho parl**ato**, abbiamo fiss**ato**. ***-are:*** sono and**ato**, ho incontr**ato**, ho parl**ato**, abbiamo fiss**ato; *-ere:*** ho ricev**uto**, ho av**uto**; ***-ire:*** ho sped**ito**, ho fin**ito**.

2. Mi presento...
sono **stato**, ho **studiato**, ho **ricevuto**, sono **partito**, ho **conosciuto**, abbiamo **avuto**.

3. Una busta per te
sei ... tornato, **sono ...** partito, **sono** andato, **ho** incontrato, **ha** dato, **sono** venuto, **ho** trovato, **ho** pensato, **hai** saputo, si **è** laureata.

4. Chi al mare, chi in montagna...
a. sei tornat**a**, sono arrivat**a**, sei stat**o**, è stat**a**, sei andat**o**, abbiamo affittat**o**, abbiamo fatt**o**, sono stat**a**, ho fatt**o**, sono salit**a**, mi sono fermat**a**, sono rimast**a**, è stat**a**. **b. siete** tornat**e**, **siamo** arrivat**e**, **siete** stat**i**, **è** stat**a**, **siete** andat**i**, **abbiamo** affittat**o**, **abbiamo** fatt**o**, **siamo** stat**e**, **abbiamo** fatt**o**, **siamo** salit**e**, **ci siamo** fermat**e**, **siamo** rimast**e**, **è** stat**a**.

5. Hai mai fatto questo gioco?
sei **andato**, sei **caduto**, hai **mangiato**, hai **avuto**, hai **dormito**, hai **giocato**, ti sei **alzato**, sei **stato**, sei **uscito**, hai **passato**, hai **conosciuto**, hai **ricevuto**, sei **partito**.

6. I participi nascosti

S	D	A	R	A	C	C	O	L	T	O	S	A
V	E	C	T	G	A	I	S	B	O	M	F	S
I	R	S	A	G	M	I	T	N	L	I	A	O
S	M	U	P	I	E	H	R	I	T	A	T	E
T	E	P	R	U	M	O	V	M	O	T	T	C
O	S	P	E	N	T	O	A	S	O	B	O	S
R	U	E	S	T	E	D	I	C	E	B	S	C
I	V	R	O	O	S	T	E	I	C	U	L	E
A	I	M	P	L	L	U	C	O	I	E	A	S
D	S	E	T	B	P	R	O	M	E	S	S	O
A	S	S	U	N	T	O	V	O	N	T	U	O
P	U	S	M	U	I	S	X	R	C	A	V	U
E	T	O	O	F	F	E	R	T	O	T	T	I
C	O	G	R	A	I	S	D	O	R	O	R	O
I	S	C	R	I	T	T	O	S	A	V	I	N

7. Chi lo sa?
ha scoperto (Cristoforo Colombo); ha scritto (Carlo Collodi); ha preso (Gianduia); ha chiuso (ristrutturazione); ha dipinto (Michelangelo); ha composto (Giuseppe Verdi); ha fatto (Anita Ekberg); ha vinto (l'Italia); hanno scelto (1946); ha ucciso (Brigate Rosse).

8.. Cambiare vita
sei partita, **ho** pensato, **ho** preso, mi **sono** iscritta, **ho** spedito, **ho** ricevuto, **sono** partita, **sono** stata, **ho** trovato, **è** durato, **ho** fatto, **è** finito, **ha** offerto, **sono** finite, **ho** conosciuto, **abbiamo** cominciato, mi **sono** trasferita, **è** cambiata, **ho** cambiato.

9. Che lavoro fanno?
1. ho fatto, ho viaggiato, sono rimasto, ho dovuto, hanno chiesto, ho firmato, ho venduto (**cantante**). **2.** ci sono state, ho lavorato, ho messo, ho tolto, ho provato, ho conosciuto, hanno proposto, sono stata, ho avuto, ho mantenuto (**modella**). **3.** mi sono alzata, mi sono fatta, mi sono messa, mi sono truccata, ho preparato, sono andata, sono arrivata, ho controllato, siamo saliti, siamo partiti, siamo arrivati, sono ripartita (**hostess**).

10. Un week end alle Cinque Terre
è stata, è partita, è arrivata, ha lasciato, ha comprato, è andata, ha camminato, ha visto, ha incontrato, hanno preso, si sono fermati, hanno fatto, hanno continuato, hanno bevuto, hanno raggiunto, hanno preso, hanno passato, è stato.

11. Quante scuse!
1. ho potuto; 2. sono potuta; 3. ho voluto; 4. sono potuta; 5. ho dovuto.

12. Curriculum Vitae
sono nata a Salerno..., mi sono diplomata presso..., mi sono laureata in ..., ho seguito un corso ..., ho frequentato un corso..., ho fatto uno stage..., ho lavorato come..., sono stata responsabile..., mi sono trasferita ad Atene....

3. L'imperfetto

1. Ricordi
a. abitavamo, avevamo, dava, era, ci piaceva, era, aprivamo, vedevamo, ci sentivamo, leggevamo, guardavamo. **b.** abitavo, avevo, dava, era, mi piaceva, era, aprivo, vedevo, mi sentivo, leggevo, guardavo.

2. L'anno prossimo... vacanze separate
Gianna: era, c'erano, riuscivamo, rimanevo, mi annoiavo, faceva, potevo, bisognava (verbo in più: *stava*). **Umberto**: eravamo, c'era, chiacchieravo, passavo, prendevo, facevo, era, piaceva, spendevamo, mangiavamo (verbo in più: *c'erano*).

3. Un extraterrestre ci guarda...
c'erano, aveva, portavano, faceva, correvano, prendevano, c'era, suonava, guardavano, gridavano, tiravano, erano, si arrabbiavano, fischiavano. *L'extraterrestre ha visto* ***una partita di calcio.***

4. Sembra ieri
uscivano, spegnevano, accendevano, andavamo, c'era, mangiavamo, eravamo, era, tenevano, era, bisognava, era, esisteva, esistevano, erano, facevano, c'era, si chiamava, andavamo, aveva, portavamo, c'erano, eravamo.

5. I Romani a tavola
era, si mettevano, continuavano, c'erano, si sdraiavano, stavano, tenevano, prendevano, usavano, tagliava, cominciava, aveva, finivano, cenavano, gettavano, pulivano, mangiavano, bevevano, chiacchieravano, si divertivano.

6. Rifletti sulla lingua
La soluzione è aperta.

4. Il passato prossimo e l'imperfetto

1. Una storia come tante
siamo venuti, doveva, abbiamo vissuto, ha trovato, ho cominciato, hanno imparato, andavano, avevano, era, ritornavo, potevamo, sapevo, era, ho deciso, ho cercato, ho trovato.

2. Fatti e situazioni
Una delle possibili soluzioni: 1. Ero troppo grasso e quindi ho fatto una dieta. 2. Siccome aveva una valigia pesante, ha preso un taxi. 3. Mentre guardavo la TV, mi sono addormentato. 4. Siccome non c'era acqua, hanno chiamato l'idraulico. 5. Mentre andava in bicicletta, un gatto nero ha attraversato la strada. 6. Abbiamo pagato con la carta di credito perché non avevamo più contanti.

3. Un venerdì 17
ho risposto, ho avuto, ho potuto, è successo, dovevo, mi sono alzata, è iniziata, uscivo, sono scivolata, ho battuto, preparavo, è caduto, si è rotto, c'era, ero, ho preso, c'era, sono arrivata, stava, dovevo, aveva, ho potuto, abbiamo avuto, c'è stato/c'era, sono uscita, ho trovato.

4. Rapina una banca con un'arma giocattolo
[1] c'era, aveva, ha suonato, ha aperto, ha attraversato; **[4]** ha preso, ha puntato, guardavano, ha consegnato; **[3]**si è accorto, era, si è alzato, ha cercato; **[5]**è uscito, hanno potuto, c'era; **[2]** sembrava, è andato, aspettava, ha puntato, ha detto.

5. Pappagallo cercasi
è successo, sono morti, abbiamo deciso, ha abitato, par-

lava, sapeva, lasciavamo, si è aperta, è volato, si metteva, mi dava, hanno preparato, hanno fatto, hanno messe, hanno ricevuto, hanno visto.

6. L'orario dei miei desideri
Gianluca Sorani: ho cominciato, aveva, ci vedevamo, erano, passavano, vedevo, avevo, ho deciso, è diventata, volevo, ho abbandonato, è cambiato. **Anna Dondolini**: sono nati, ho dovuto, costava, dovevo, spendevo, guadagnavo, sono rimasta, sono andati, ero, piaceva, ha proposto.

7. Rifletti sulla lingua
1 c; 2 d; 3 b; 4 a; 5 e.

5. Le forme riflessive

1. Gina, la regina
mi, mi, mi, si, ci, vi, si, ci, mi, si, mi, mi.

2. Riflessivi o no?
a. 1 lava, 2 si lava, 3 taglia, 4 si taglia, 5 pettina, 6 si pettina, 7 sporcano, 8 si sporcano, 9 allena, 10 si allena. **b.** 1 ha lavato, 2 si è lavata, 3 ha tagliato, 4 si è tagliato, 5 ha pettinato, 6 si è pettinata, 7 hanno sporcato, 8 si sono sporcati, 9 ha allenato, 10 si è allenato.

3. Una domenica in casa
si, si, ci, vi, vi, ci, ci.

4. Una ragazza "acqua e sapone"
[**4**] si prepara; [**3**] si mette, si vestono; [**1**] si sveglia, si alza; [**5**] si siedono; [**6**] si lava, si pettina, si trucca; [**2**] si fa; [**7**] -;
*La risposta giusta è **c**.*

5. Amore tra i libri
si sono conosciuti, ci siamo guardati, ci siamo sorrisi, ci siamo scambiati, si sono sposati, si vedono, si vogliono bene.
*Anna ha frequentato la facoltà di **Lettere** e Domenico quella di **Economia e Commercio**. Anna lavora a **Venezia** e Domenico a **Milano**.*

6. Rifletti sulla lingua
La soluzione è aperta.

6. Il trapassato prossimo

1. Problemi di lavoro
Lunedì 17 dicembre: avevamo parlato, avevo considerato, si erano lamentati, avevano ricevuto, avevamo promesso, avevo spediti, avevo aspettato. **Martedì 18 dicembre**: ho avuto, ho fatto vedere, ha detto, andava, ha aggiunto, ho detto, ha risposto. **Mercoledì 19 dicembre**: sono, va, scusami, sopporto.

2. Cose che capitano!
a. avevate mangiato; **b.** avevano rubato; **c.** avevo comprato; **d.** avevo dimenticato; **e.** era ... andato; **f.** aveva avuto; **g.** avevi studiato; **h.** aveva tagliato; **i.** aveva ... lavato; **l.** erano rimasti.

3. Trapassato... colorato
a. avevamo ... visto; **b.** erano arrivati; **c.** mi ero innamorato/a; **d.** era stato; **e.** si era accorta; **f.** avevo speso; **g.** avevano preso; **h.** aveva litigato; **i.** avevamo passato.

4. Ladro restituisce il bottino
è salito, ha messo, aveva ritirato, ha sentito, veniva, si è girato, ha visto, era caduto, gridava, aiutava, è salito, ha preso, si è accorto, erano, avevano ... derubato, ha bloccato, era successo, aveva rimessa.

5. Una vacanza sfortunata
comprendeva, è andata, sono iniziati, ci siamo accorti, avevate detto, dovevamo, passava, è successo, avevamo già pagato, abbiamo mangiato, abbiamo chiesto, è stato, ha risposto, c'era stata, aveva bloccato, aveva potuto, abbiamo scoperto, avevano tolto, aveva pagato, è stata, è sparito, siamo più riusciti, avevamo mai visto.

7. Il futuro semplice

1. I progetti di una mamma
farò, avrai, frequenterai, imparerai, andrai, diventerai, guadagnerai, farai, ti sposerai, abiterai, avrai, sarò, verrò, vi prenderete, vivremo, lascerò, starò.

2. Annunci... incompleti
a. si terrà, (**chiesa**); **b.** (**treno**), arriverà; **c.** (**autobus**), circoleranno; **d.** sarà, (**biciclette**); **e.** potranno, (**questura**).

3. In cielo c'è una stella per ognuno di noi
Emilio e Virgilio: smetterete, aiuteranno, dipenderete, offrirà, saprete, avrete, potrete, andrà. **Charlotte**: sedurrai, si faranno, continuerai, salirà, dovrai, transiterà, darà, sapranno. **Alice**: riuscirai, ritroverai, sarà, aiuterà, permetterà, vedrai, darà.

4. Prima di partire
a. rivedrò, avrò, farò, mancheranno, avrò, sarà. **b.** ci sposeremo, arriverai, ci saranno, verremo, rimarremo, andremo.

5. Mah, non so...
1 e: farà; 2 d: costeranno; 3 b: piaceranno; 4 a: saranno, saranno, vorranno; 5 c: avrà.

6. Rifletti sulla lingua
La soluzione è aperta.

8. Il futuro anteriore

1. Pinocchio e il Grillo Parlante
andrò, avrò detto, avranno litigato, si pentiranno, succederà, sarò tornato, manderà, dovrò, potrò, sarai diventato, prenderanno, farò, vorrò.

2. Pinocchio va a scuola
avrò imparato, imparerò, avrò riempito, comincerò, avrò studiato, guadagnerò, avrò messo, regalerò.

3. Notizie... incomplete
1 c: diventerà, avrà approvato; 2 e: saranno finiti, offrirà; 3 a: sarà tornata, potranno; 4 b: avranno ritirato, parteciperanno; 5 d: sapremo, potrà, avranno giocato.

5. Che cosa pensi?
1. avrà/avrà avuto, starà; 2. le avrò messe; 3. sarà, sarà successo; 4. verrà; 5. avranno fatto; 6. vorrà.

6. Che cosa sarà successo?
Una delle possibili soluzioni: 1. Lo avranno abbandonato. Qualcuno lo troverà e lo porterà a casa. 2. Sarà abbandonata. 3. Si sarà stancato. - Il libro sarà/sarà stato noioso. 4. Sarà rimasto senza benzina. - Avrà/Avrà avuto un problema con la macchina. 5. Gli avranno rubato il portafoglio. – Starà inseguendo il ladro.

9. Il passato remoto

1. Il re Mida
a. rimase – rimanere; andò – andare; raccontò – raccontare; fece – fare; tornò – tornare; aprì – aprire; diventò – diventare; fu – essere; ebbe – avere; bevve – bere; diventò – diventare; dovette – dovere. **b.** toccò, diventò, dovette, si arrabbiò, fece, andò, diventarono, fu, tornò, disse, aspettò, salì, si trovò.

2. Ricorda: 1 3 3

					1 D	I	E	2 D	E	3 R	O	
4 V	O	5 L	L	E				I		U		6 F
E		E						S		P		U
N		S			7 M			8 S	E	P	P	I
N		9 S	C	R	I	S	S	I		E		
I		E			S					R		
		R		10 B	E	11 V	V	E	12 R	O		
13 N		O				I			I		14 S	
A						D			M		C	
15 C	O	N	O	B	B	I			A		E	
Q									S		L	
U							16 C	H	I	U	S	E
17 E	B	B	I								I	

3. Alla stazione
si affacciò, camminò, era, accese, guardò, aspettavano, fecero, rispose, apparve, aveva, portava, vide, diede, sembrava, entrò, era, si avvicinò, toccò, mise, si sedette, ebbe, si prese, restò, si spalancò, entrò, era, portava, scattò, diede, si portò, avanzò, sorrise, prese.

4. Chi, dove, quando?
1 c: fu; 2 a: scrisse; 3 b: uccise; 4 a: vissero; 5 b: nacque; 6 c: si incontrarono; 7 a: divenne; 8 b: dipinse.

5. La storia della pasta
facevano, ricavavano, si chiamavano, si diffuse, incontrò, mangiava, fu, ebbe, permise, nacquero, aveva, cominciò.

6. Paganini non ripete
nasce – nacque; inizia – iniziò; fa – fece; compone – compose; si presenta – si presentò; dà – diede; intraprende – intraprese; suscitano – suscitarono; comincia – cominciò; conduce – condusse; diventa – diventò; perde – perse; è – fu; riprende – riprese; dice – disse; fanno – fecero; ha – ebbe/aveva; si esibisce – si esibì; investe – investì; rovina – rovinò; litiga – litigò; muore – morì; può – poté; ottiene – ottenne; riesce – riuscì. *La risposta corretta è **b.***

7. Rifletti sulla lingua
La soluzione è aperta.

10. Il trapassato remoto

1. Le stelle alpine
si perse, fu arrivata, si addormentò, sognò, si svegliò/si fu svegliato, provò, cominciò, sentì, si fu avvicinato/si avvicinò, vide, ebbe raccontato, decisero, disse, lo portarono, fu arrivato/arrivò, riconobbe, le regalò, la chiese, si furono sposati, rimase, si accorse, decise, volle, si diffusero.

11. Le forme impersonali

1. Il tempo pazzo
nevica, piove, fa freddo, grandina, fa caldo.

2. Matrimonio all'italiana
si manda, si vuole, si spediscono, si fa, si indicano, si fa, si può, si butta, si dice, si mangia, si beve, si sta, si regala, si offrono.

3. Il galateo a tavola
ci si comporta, ci si siede, si può, si mette, si appoggiano, ci si serve, si soffia, ci si pulisce, si tagliano, ci si aiuta, si raccoglie, si ha, ci si soffia, ci si alza, ci si allontana, si usano. *La soluzione è **c.***

4. Quello che agli italiani sembra strano...
1. non ci si abbraccia; 2. si arriva; 3. si può chiedere; 4. si è, si può; 5. si mangia; 6. non si sta, si cammina; 7. si ubbidisce; 8. non ci si soffia; 9. non si scrive; 10. non si va.

5. Quello che degli italiani sembra strano...
1. non bisogna regalare; 2. è normale interrompere; 3. è normale abitare; 4. è sufficiente fare, non è necessario/non occorre scrivere; 5. è meglio sedersi; 6. è meglio/bisogna dire; 7. è normale parlare, gesticolare; 8. è importante non/non bisogna sedersi.

6. Rifletti sulla lingua
1. è meglio – impersonale; 2. occorre – impersonale; 3. servono – personale; 4. capitano – personale; 5. è meglio – impersonale; 6. diventano – personale; 7. conviene – impersonale; 8. bastano – personale; 9. bisogna – impersonale; 10. occorre – personale.

12. Il condizionale

1. Cambiare vita
a. lascerei, partirei, lavorerei, mi dedicherei, mi piacerebbe, metterei, mi sentirei, sarebbe, cambierebbe. **b.** lasceremmo la nostra città, partiremmo, lavoreremmo, ci dedicheremmo, ci piacerebbe, metteremmo la nostra esperienza di insegnanti, ci sentiremmo più utili, sarebbe, ci cambierebbe. **c.** lasceremo la nostra città, partiremo, lavoreremo, ci dedicheremo, ci piacerà, metteremo la nostra esperienza di insegnanti, ci sentiremo più utili, sarà, ci cambierà. **d. Condizionale:** cambierei, cambieresti, cambierebbe, cambieremmo, cambiereste, cambierebbero. **Futuro**: cambierò, cambierai, cambierà, cambieremo, cambierete, cambieranno. **Somiglianze:** *la "a" dell'infinito dei verbi in –are cambia in –e; nella prima persona plurale (noi) del futuro c'è una sola "m", mentre nel condizionale ce ne sono due.*

2. Ognuno porta qualcosa
Tzatziki – Heleni (Grecia), faresti, andrebbe. **Salmone** – Jean (Scozia), potresti, sarebbe. **Tempura** – Takako (Giappone), prepareresti. **Cous-cous** – Aida (Marocco), piacerebbe. **Sacher** – Yutta (Austria), penseresti, avresti. **Involtini primavera** – Xiao Yi e Yen (Cina) portereste, piacerebbero. **Gazpacho** – Pablo (Spagna), mi aiuteresti. **Vino** – Valérie (Francia), mancherebbe, porteresti.

3. Consigli
1 e, berrei, mi riposerei; 2 a, penserei, uscirei; 3 d, comprerei; 4 c, rimarrei, leggerei; 5 b, farei, potresti.

4. Castelli in aria
Quali di questi alberghi "principeschi" *sceglieresti?*
Giorgio e Francesca: sembrerebbe, piacerebbe, andrei, vedrebbero, faremmo. [Hotel Le Ville]. **Mauro e Anna**: vorremmo, sarebbe, avremmo. [Hotel Schloss Mondschein]. **Paolo e Teresa**: andrebbero, si divertirebbero, passerei, partirebbe, assaggeremmo [Hotel Il Castello del Cinghiale].

5. Castelli... infranti
Giorgio e Francesca: sarebbe piaciuto, sarei andata, avrebbero visto, avremmo fatto. **Mauro e Anna**: avremmo voluto, sarebbe stato, avremmo avuto. **Paolo e Teresa**: sarebbero andate, si sarebbero divertite, avrei passato, sarebbe partito, avremmo assaggiato.

6. Sei il solito...!
1. saresti dovuto, avresti trovato, saresti arrivato, [ritardatario]; 2. avrei preso, sarei andata, ti saresti mosso, [pigrone]; 3. avrei fatto, [egoista]; 4. avresti potuto, sarei tornata, [maschilista]; 5. sarebbe stato, [mammone]; 6. avrei ordinato, avresti digerito, [goloso]; 7. non avrei ... dovuto.

7. "Il condizionale è d'obbligo"
a. sarebbero, avrebbero cercato, si sarebbe difeso, sarebbero scappati. **b.** avrebbe scoperto, colpirebbe, sarebbe, darebbe. **c.** sarebbero migliorate, lascerebbero. **d.** sarebbe stata attaccata, sarebbe partito, si tratterebbe.

8. Rifletti sulla lingua
La soluzione è aperta.

13. Concordanze dei modi e dei tempi dell'indicativo

1. La scala dei tempi
a. *lunedì*: era tornato; *martedì*: mi ha telefonato; *mercoledì*: sono molto contenta; *giovedì*: verrà; *venerdì*: farà vedere. **b.** Mercoledì scorso ero molto contenta perché il giorno prima mi aveva telefonato Marco per dirmi che era tornato il lunedì dal Senegal e che il giorno dopo veniva/sarebbe venuto in ufficio e che venerdì mi faceva vedere/mi avrebbe fatto vedere le foto. **c.** *lunedì*: era tornato; *martedì*: aveva telefonato; *mercoledì*: ero molto contenta; *giovedì*: sarebbe venuto/veniva; *venerdì*: mi faceva vedere/mi avrebbe fatto vedere.

2. Che dimenticanza!
ha perso, giocava, spendeva, si è dimenticato, sono usciti, mi ero dimenticato, aveva perso, avrebbe potuto, era, avrebbe vinto, si arrende, ricomincerò, ci sarà.

3. Giro del mondo in... bicicletta
è cominciato, hanno attraversato, aveva, volevamo, era, piaceva, eravamo, avevamo fatto, sapevamo, sarebbe stata/era, avrebbe dato.

4. Dal sogno alla realtà
a. ero, faceva, rientrava, raccontava, ho pensato, ho iniziato, sono rimasta, mi sentivo, sopportavo, era appena andato, ho preso, ho dato, sarebbe cambiata, sono. **b.** ho aperto, avevo, volevo, avevo, cercavano, avevo, farò, abbiamo preso, l'abbiamo inaugurato, avevo finito, avevo fatto, sarebbe stato, ha proposto, abbiamo aperto, invento, abbiamo, ho realizzato.

5. Lettera a un'amica
dovrò/devo, sono stati, sono arrivata, è stato, ho dovuto, sono, avevo, capivo, riuscivo, organizzavano/organizzano, ho frequentati, ho potuto/potevo, ho dato, sei, sarai, conosci, mi sarei abituata, vedrai, avrai superato, ti troverai, andrai, potranno, avranno dato, potrai, avrai, avrei avuto, rifarei.

6. I pensieri di nonno Domenico
Il 10 agosto di cinque anni fa era una bellissima giornata di sole: ero in spiaggia sdraiato sotto l'ombrellone e stavo dormendo. Mi sono svegliato perché suonava/è suonato il cellulare. Sono tornato improvvisamente alla realtà: era mio figlio Massimiliano che mi telefonava da Londra per dirmi che era diventato papà. Si era sposato due anni prima con una ragazza inglese e quel giorno era nata Gabriella. Mi sono alzato di botto, ho picchiato la testa contro l'ombrellone, ho cominciato a camminare sulla spiaggia senza una direzione precisa. Ero così confuso e felice che non vedevo dove mettevo i piedi. Appena ho finito di parlare con lui, ho comunicato la bella notizia a mia moglie, a parenti e amici. Tutti mi dicevano: "Auguri, nonno Domenico!" Mi sono seduto sotto l'ombrellone e ho cominciato a pensare... "Io nonno?" Ero contento, ma mi sentivo improvvisamente vecchio. Per di più, la mia nipotina sarebbe cresciuta in Inghilterra, avrebbe parlato inglese e non ci saremmo mai capiti. Mi domandavo come avrei fatto a giocare con lei, come le avrei chiesto un bacino, come le avrei detto "Gabriè, bell'o nonno, damme nu vase". Che cosa potevo fare? Avrei studiato l'inglese... o forse no: le avrei insegnato il napoletano, così non avrebbe mai dimenticato le sue radici italiane!

14. L'imperativo
Esercizi sull'imperativo

1. Formale o informale?
tu; 2. Lei; 3. tu; 4. Lei; 5. Lei; 6. Lei; 7. tu: 8. Lei.

2. Come si fa?
In ufficio: senti, apri, seleziona, metti, scrivi, premi, clicca, inserisci, schiaccia, guarda. **In albergo**: giri, metta, prema, scusi, dica, digiti.

3. Vivi in un mondo migliore!
1 e, fare; 2 g, pensa, agisci; 3 a, usa, andare; 4 f, calpestare; 5 l, pianta; 6 b, consuma; 7 c, scegli; 8 d, ricicla; 9 h, sorridi; 10 i, stare, cerca.

4. Viaggia in modo diverso!
1. visitare; 2. va'/vai, guarda, ascolta; 3. chiedi; 4. viaggia, fare; 5. sii, impara; 6. avere; 7. comprare, spendi; 8. cercare, rimani; 9. prova.

5. In quali situazioni si trovano queste persone?
1. venga, compili, tenga, scriva, indichi, dia, attenda, [**in Questura/in un ufficio pubblico**]; 2. scusi, dica, stia, non tolga, usi, rimanga, sappia, abbia, [**dal dottore/in ospedale**]; 3. senta, vada, prenda, attraversi, entri, salga, chieda, [**per la strada al cellulare/in una cabina telefonica**].

Esercizi sull'imperativo con i pronomi

1. Giusto o sbagliato?
1 S, non alzarti; 2 G; 3 G; 4 S, si sieda, si accomodi; 5 G; 6 G; 7 G; 8 S, dammi, dammelo.

2. Bucatini all'amatriciana
friggetela, affettate, unitela, cuocete, mettete, buttate, scolateli, conditeli.

3. Carlo, non farlo!
inizia, fatti, sostituiscila, mangiali, ricordati, dimentica, scegli, lascialo, prenderne, berne.

4. Se bella vuoi divenire...
a. togliti, mettiti, appoggiati, sta'/stai, fare, sbrigati, farmi/mi fare; tirarmeli/me li tirare; muoverti/ti muovere; **b.** mi dica, me li tagli, facciamoli, si preoccupi, me ne dia. *La soluzione è **c)**.*

5. Rifletti sulla lingua
La soluzione è aperta.

15. Il congiuntivo
Esercizi sul congiuntivo presente e passato

1. Un gatto + un gatto
torni, si perda, si faccia, stia, trovi, venga. *La frase principale da cui dipendono i congiuntivi è:* ***speriamo che***.

2. Che cosa pensano i giovani europei?
debba, abbiano, sia, ci siano, proibiscano, abolisca, vieti, siano, siano.

3. Viva l'italiano!
piaccia, significhi, vada, sia stato, abbia aumentato, si debba, vogliano, abbiano aderito, frequentino, diano, abbiano attivato, abbiano deciso, apprezzino.

4. Adele e Giovanni
si siano conosciuti, si siano rivisti, sia andata, si siano incontrati, abbia offerto, abbiano ... preso.

Esercizi sul congiuntivo imperfetto e trapassato

1. La nonna
parli – **parlasse**; giochi – **giocasse**; faccia – **facesse**; abbracci – **abbracciasse**; venga – **venisse**; vizi – **viziasse**.

2. Scambio di automobile
iniziasse, ci fosse, avessero avuto, ci fossero, andasse, lasciasse, fosse sceso, avesse deciso, dessi, fosse, potessi, avessi scambiato, fossi salita.

Esercizi sugli usi del congiuntivo

1. Lettera a un giornale
a. ho scelto, è sempre stato, studi, mi dedichi, diventi, siano, sia, dia, parli, usi, ho già provato. **b.** possa, rappresentano, ho, siano, tocchi, trovi, progetti, prenda.

2. Proposta per l'estate
piace, faccia, ha lavorato, sappia, sei, paghino/pagano/pagheranno, debba/devi/dovrai, stia, rimane, sia, puoi/potrai, voglia/vorrai.

3. Una serata da dimenticare
avesse accettato, vedevo, stesse, avesse fatto, sono andata, sta, si trattasse, si è innamorato, fossero, era, se ne erano andati, avevano visto, ce ne accorgessimo, fosse, lasciassero, arrivasse, voleva, conosceva.

4. Intervista a…
perché (finale), benché/sebbene, per me/secondo me, purché, sebbene/benché, anche se, perché (causale), secondo me/per me, siccome. *La scrittrice intervistata è:* ***Susanna Tamaro.***

Esercizi sulle concordanze del congiuntivo

1. Dal presente al passato o… viceversa
1. Lorenzo era un po' preoccupato: speravo che gli avessero già comunicato i risultati delle analisi. 2. Nonostante il medico gli abbia detto mille volte di smettere di fumare, lui non vuole saperne. 3. Il presidente, sebbene non avesse partecipato alla riunione, aveva comunicato la sua decisione. 4. Aspettavamo/abbiamo aspettato che voi tornaste dalle vacanze per organizzare la festa. 5. Voglio che tutto sia pronto prima che gli ospiti arrivino. 6. Malgrado non avessero molti soldi, facevano/hanno fatto dei viaggi splendidi. 7. Potevate venire da me quando volevate, bastava che mi avvertiste. 8. Bisogna che tutte le scuole siano chiuse per poterle usare come sedi elettorali. 9. Era assurdo che gli studenti non usassero il laboratorio, con tutti i soldi che era costato! 10. Ci sentivamo un po' soli perché i nostri figli si erano sposati: chiunque venisse a trovarci, era benvenuto.

2. La melanzana di Biancaneve
si trattasse, fosse successo, fosse, avessero mangiato/mangiassero/avrebbero mangiato, fossero, abbia potuto, stiano, vadano.

3. Pennichella sì o no?
sia diventata, alteri, abbia dato, possa, abbia vinto, abbia sostituito, adottassero/avessero adottato, ascoltiamo, facciamo, superino, dia.

4. Caro Fabrizio
abbiano trasferito, abbia ... risolto, andasse, avrebbero licenziato/licenziassero/avessero licenziato, cresca/stia crescendo, siate, sarebbe passato/passasse, passerà/passi, abbia, sia, partisse, sarebbe rimasto/rimanesse/fosse rimasto, sia sparito.

16. Il periodo ipotetico

1. I proverbi del contadino
1 e: sarà/è; 2 h: peggiorerà/peggiora; 3 a: arriverà; 4 b: nevica/nevicherà; 5 d: porta; 6 c: aspetta; 7 f: pioverà; 8 g: vedi.

2. Hai le mani bucate?
1. proponessero, partirei, andrei, mi sentirei, rinuncerei. 2. volessi, ti accorgessi, cambierei, comprerei, chiederei, rinnoverei. 3. scoprissi, prenderei, uscirei, aspetterei. 4. dovessi, cucinerei, metterei, mi preoccuperei, preparerei. 5. vedessi, avessi, farei, sceglierei, comprerei. 6. desiderasse.

3. È inutile piangere sul latte versato…
1 d: fossero arrivati, avrebbero trovato, ci avrebbero visto. 2 b: avesse rivisto, avrebbe dimenticato. 3 f: ci fossimo alzati, saremmo riusciti. 4 e: avessi accettato, saresti. 5 c: avesse sposato, starebbe. 6 a: dicesse/avesse detto, stesse/fosse stata, avrebbero approfittato. 7 h: aveste tradotto, avreste fatto. 8 g: gli avessi detto, sarebbe stato.

4. L'apparenza inganna
avesse chiesto, avrei offerto, direi, avessi, avesse lasciato, me ne fossi accorta, giudicassimo, eviteremmo, sarebbe, sapessimo, ti saresti comportato/comporteresti, ti fossi trovato/trovassi.

17. Concordanze dei modi e dei tempi verbali

1. Gentile Signora Giovanna…
dimenticherò, potranno, verranno, sono mai stati, raccontassi, inviterò, assaggino, fosse.

2. L'amore è cieco
possa, tornassi, invitassi, ho imparato, è, obblighino, dai, porti, ti preoccupi, sia, fossi, trovi, cerchi, abbia ... conosciuto.

3. L'italiano medio del Nord
vanno, hanno affittato, fosse, si sono resi conto, siamo scappati, partecipa, studia, contribuisca, impari, ha avuto, partisse, fossero, ha saputo, gestisce, sia, accompagni, scelga, parli, si allontana, è, avesse continuato.

4. *L'italiano medio del Sud*
lavorava, è riuscito, fa, fossi rimasto, avrei avuto, migliorassero/sarebbero migliorate, arrivi, mandi, ha lasciato, ripetesse, se ne andrà, sia, porta, suona, piaccia, preferirei.

5. *La gita di Farfa*
avrei preferito, fossero, avrebbe fatto, avrebbe lasciato, era già andato, dicesse, ci ritrovammo, potesse, capisse, avrebbe offesa, inventammo, vedesse, si affacciò. *La risposta è **a)**.*

6. *Patti chiari, amicizia lunga*
desse, sarebbe cominciato, avrebbe sconvolto, avevo visto, dormisse, cominciò, prese, venne, stesse/stava, stavo organizzando/avevo organizzato, interessasse, cerco/sto cercando, voglia, abbia, aiutasse, poteva/avrebbe potuto, lavori, devi/dovresti, posso/potrei, trovi, sia, ci mettemmo, capii.

7. *Problemi di cuore*
mi senta, sarei, regalasse, fanno, siano, piacerebbe, ripetesse, ci eravamo ... conosciuti, abbracciasse, sei, dedichi, vorresti.

8. *Un brutto imbroglio*
C'era una donna non più giovane che **svolgeva** da moltissimi anni l'attività di domestica a ore in varie case borghesi di Cremona. Di lei si **raccontava** che, quando **era uscita** dall'orfanotrofio, **avesse incontrato** un uomo chiamato "il calabrese", il quale **l'aveva messa incinta** e sposata e, poco dopo, **era scomparso** dalla circolazione perché **era finito** in galera per furto. Da allora la donna **aveva continuato** a lavorare come domestica e si **diceva** che **avesse messo** da parte molti soldi. Con quei risparmi **sembrava** che **avesse comprato** un appartamento, che **voleva** regalare al figlio quando lui **si sarebbe sposato.** Il figlio della donna, sui venticinque anni, grasso e con l'aria indolente, **era stato** in galera varie volte per piccoli furti. Dopo qualche anno "il calabrese" **era riapparso** nei dintorni di Cremona: **era** molto povero, **voleva** che la donna gli **desse** dei soldi e **chiedeva** di vedere il figlio. La donna, attraverso un avvocato, lo **ha invitato/invitò** al matrimonio del figlio. Il figlio, infatti, nel frattempo **aveva conosciuto** una ragazza giovane e carina e **stava** per sposarsi. La donna **pensava** che **sarebbe stato** giusto che il padre **partecipasse** al matrimonio. Il "calabrese" **diceva** che non **voleva** andarci perché non **aveva** vestiti decenti da mettersi e **avrebbe fatto** brutta figura. Allora la donna **ha accettato/accettò** di rivestirlo dalla testa ai piedi purché ci **andasse.** Il giorno del matrimonio, però, non **sono arrivati/arrivarono** né il padre né il suo regalo. L'avvocato **ha preso/prese** in disparte la madre dello sposo e le **ha detto/disse** che suo marito **era** un gran mascalzone e che **sarebbe stato** lieto di fargli causa. Poi le **ha spiegato/spiegò** cosa **aveva scoperto** solo mezz'ora prima. **Aveva scoperto** che la sposina **era** la giovane compagna del marito, che lo stesso "calabrese" **aveva presentato** al figlio in modo che questi **si sposasse** ed **entrasse** in possesso dell'appartamento che lei **aveva comprato** con i suoi risparmi e **aveva intestato** al figlio pochi giorni prima. I tre **avevano** intenzione di stabilirsi nel suo appartamento e disgraziatamente non **c'era** azione legale che **potesse** impedire quello scandalo. La donna **è rimasta/rimase** sconvolta dalla rivelazione dell'imbroglio e...

18. La forma passiva

1. *Denunciata per foto al funerale*
è stata denunciata, è stata sorpresa, era stata attratta, era stata "abbellita", si mettono, si fanno, si fanno, andrebbe chiesto, sono state accettate, è stata ritirata.

2. *Notizie di cronaca*
a.: I carabinieri *sono stati subito avvertiti*; La segnalazione della donna *è stata valutata dai carabinieri*; La settimana prima infatti, per lo stesso motivo i carabinieri *erano stati chiamati da un signore*; Una squadra di sommozzatori *è stata mandata dai carabinieri*; Nonostante lunghe e accurate ricerche, l'animale *non è stato trovato dai sommozzatori*. **b.:** In poco più di un mese *sono stati compiuti* tre furti nella stessa farmacia; La cosa incredibile è che queste tre rapine *sarebbero state commesse dallo stesso ladro*; Anche ieri sera l'incasso della farmacia *è stato rubato dal giovane, armato*; Il bottino, tuttavia, è stato magro: i soldi *erano appena stati depositati* in banca *dalla proprietaria*. **c.:** Durante l'opera di ristrutturazione del teatro alla Scala, *è stato ritrovato un pozzo* romano; I lavori *sono stati subito sospesi*; *È atteso* con impazienza il parere degli esperti; Quando i lavori *potranno essere ripresi dall'impresa, sarà/verrà ristrutturata* la platea; Successivamente *sarà/verrà migliorata* l'acustica e *saranno/verranno sistemati* i palchi.

3. *Sei consigli per mangiare sano*
possono essere cucinate, possono essere insaporiti, possono essere abbinati, possono essere lavate, possono essere riutilizzati, può essere cotto.

4. *Dieci regole per viaggiare sicuri*
1. vanno rispettati/devono essere rispettati; 2. vanno allacciate/devono essere allacciate; 3. va mantenuta/deve essere mantenuta; 4. va utilizzata/deve essere utilizzata; 5. va messo/deve essere messo; 6. vanno accesi/devono essere accesi; 7. vanno bevuti/devono essere bevuti; 8. vanno controllate/devono essere controllate; 9. vanno fatti sedere/devono essere fatti sedere; 10. va indicato/deve essere indicato.

5. *Il caffè*
a. si coltiva, si raccoglie, si seccano, si aprono, si prendono, si fanno, si ricavano, si tosta, si riscalda, si mescola. **b.** va riempito, va versata, va rovesciata, va messa, va capovolta.

6. *La storia della pizza*
era/veniva riempita, era/veniva piegata, era/veniva cotta, fu/venne aperta, erano/venivano preparate (dai pizzaioli ambulanti), erano/venivano vendute, era amata (dalle classi sociali più povere), fu/venne apprezzata (anche dagli aristocratici), fu/venne inventata (dal pizzaiolo Raffaele Esposito), furono/vennero scelti.

7. *La classifica europea dell'onestà*
sono stati distribuiti (dai giornalisti), erano stati messi, è stato calcolato, sono stati restituiti (dalla gente), sono stati ridati, sono stati rispediti (dalle persone), è stato toccato, è stata riconsegnata/sono stati riconsegnati (dai tedeschi, dagli austriaci...), è stata resa/sono stati resi, sono stati regalati (da Reader's Digest).

8. *Rifletti sulla lingua*
La soluzione è aperta.

19. I modi indefiniti

Esercizi sull'infinito

1. *La crostata dell'Adriana*
1. mescolare, metterli, fare, romperci; 2. impastare, dopo aver fatto, unirlo; 3. grattugiare, aggiungerla; 4. dopo aver lavorato, fare, metterla, coprirla; 5. prendere, rivestirla, accendere; 6. dopo averla lasciata, prendere, tenerne, stendere, premerla; 7. rialzare, distribuire; 8. fare, stenderle; 9. mettere.

2. *Notizie*
1. hanno minacciato di fare; 2. dopo aver passato; 3. hanno deciso di chiedere, ha visto i genitori litigare, ha detto di non voler più abitare; 4. nell'aprire, per farla analizzare; 5. dopo aver spruzzato; 6. per aver baciato.

Esercizi sul gerundio

La protesta di un tranviere
1. toccando: modale; 2. passando: temporale; 3. appendendosi: modale; 4. spiegando: modale; 5. potendo: ipotetico; 6. essendo: concessivo; 7. volendo: causale; 8. bloccando: consecutivo; 9. causando: consecutivo.

2. *All'università*
1. compilando; 2. essendo; 3. volendo; 4. pur sapendo; 5. diventando.

3. *Strano, ma vero!*
a. avendo picchiato, esentandolo; **b.** buttandosi, cadendo, essendosi danneggiata; **c.** mentendo; **d.** essendosi accorta/accorgendosi, dando, strappandogli, facendo.

Esercizi sul participio

1. *Qualcosa o qualcuno che...*

2. *Università: norme per l'iscrizione*
equivalente, provenienti, iscrittisi, indicate, attivate, predetti, richiesti, precedenti, attestante, superati.

Esercizi sugli indefiniti

1. *Saggezza... verbale*
Sbagliando si impara - Partire è un po' **morire**. - Gobba a ponente luna **crescente**. Gobba a levante luna calante. - Sposa **bagnata**, sposa fortunata. - Uomo **avvisato**, mezzo salvato. - Chi vive sperando, muore **cantando**. - Provare per **credere**. - Cosa **fatta**, capo ha. - Volere è **potere**. - Tra il dire e il **fare** c'è di mezzo il mare. - Errare è umano, **perseverare** è diabolico. - **Morto** un Papa, se ne fa un altro. - Guardare e non **toccare** è una cosa da imparare. - Fare e **disfare** è tutto un lavorare. - L'appetito vien **mangiando**. - Prendere o **lasciare**.

2. *Rimedi contro la stanchezza*
muovendosi, facendo, praticando, sforzandosi, cominciando, arrivare, andare, ottenere, portandolo, usare, scegliere, uscendo, camminare, guardando, leggendo.

3. *Gli italiani e il tempo libero*
a. ripetere, sembrare, sorprendente, averne, essere tornato, terminati, essere, lavorando, avendo, potendo, partendo, facendo. **b.** 1. infinito semplice: verbi di percezione; 2. infinito semplice: consecutivo; 3. participio presente: aggettivo; 4. infinito semplice: verbo + di; 5. infinito composto: temporale; 6. participio passato: temporale; 7. infinito semplice: modale; 8. gerundio semplice: ipotetico; 9. gerundio semplice: ipotetico; 10. gerundio semplice: ipotetico; 11. gerundio semplice: modale; 12. gerundio semplice: modale.

4. *Siamo senza parole*
essere, derivanti/derivate, valutando, utilizzate, tratti, presi, corrispondente, attribuito, detto, irritanti, riuscire.

20. I verbi fraseologici

1. *Discussione*
cominciare a, ho finito per, smetterla di, stai scherzando, lasciarmi travolgere, cerchiamo di, ti lasci influenzare, metterti a, stavo diventando.

2. Intervista a Carlo Maria Giulini, direttore d'orchestra
1. ho cominciato ad allontanarmi; 2. ho smesso di fare musica e di ascoltare; 3. stava suonando; 4. me lo sono fatto regalare dai; 5. ho iniziato a studiare; 6. ho cercato di/ho provato a; 7. mi sono sforzato di; 8. far passare i sentimenti; 9. lasciarsi trasportare dalla musica; 10. ho smesso di dirigere l'opera; 11. stava per finire.

3. Vietato fumare sui treni
1. sta per; 2. fa; 3. finisco per; 4. sta; 5. si lascia/si fa; 6. sta; 7. continuate a; 8. si mette a/comincia a; 9. fa; 10. sta per; 11. comincia a/si mette a; 12. mi lascio/mi faccio; 13. continuano a.

21. Il discorso indiretto

1. La telefonata
■ Guido, finalmente ti ho trovato! Che cosa fai in Italia?
□ È stata una decisione improvvisa, io e Laurie siamo arrivati due giorni fa: se volete, vi veniamo a trovare per cena.
■ Con che treno pensate di arrivare?
□ Non preoccuparti, ci arrangeremo.

2. Che cos'è uno straniero?
L'altro giorno mio papà mi ha spiegato che cos'è uno straniero. Mi ha detto che straniero viene dalla parola "strano" e che è qualcuno che viene da un altro Paese. Allora io gli ho chiesto se quando vado in Normandia sono una straniera e lui mi ha risposto di sì, perché vengo da lontano e sono marocchina. Poi mi ha domandato se mi ricordavo/ricordo quando eravamo andati/siamo andati in Senegal e mi ha spiegato che per i senegalesi eravamo stranieri. Allora io gli ho chiesto perché non avevano paura di me, né io di loro. Lui mi ha risposto che lui e la mamma mi hanno insegnato a non avere paura degli stranieri e mi ha anche detto di non dimenticarmi che siamo sempre stranieri per qualcuno.

3. L'inflazione vista da una bambina
B: Papà, 5 euro non mi bastano per tutta la settimana.
F: È vero, il gelato grande io me lo compravo a mille lire e adesso ci vogliono due euro, ma per quello piccolo!
P: Sì, lo so, ma da quando è arrivato l'euro non mi hanno più aumentato lo stipendio.
B: Siccome tu lavori dalla mattina alla sera e i soldi non ci bastano, è meglio andare dalla nonna a Poggio.... E poi staresti sempre con noi.
P: Non voglio, perché la nonna ha fatto tanti sacrifici per farmi studiare all'università.
B: Io non voglio studiare all'università perché tu sei povero. Quando divento grande, potrò fare la giornalista senza andare all'università?
P: No.
B: Non ci credo.
P: E allora chiedilo al giornale/ai giornalisti.
B: Papà, posso scrivere al *Venerdì di Repubblica*?
P: Sì, scrivi pure, ma non mettere il cognome.

4. Lasciate un messaggio dopo il bip
a. Oggi... 1. Ha telefonato Lucia e ha detto che deve parlarti, di chiamarla sul cellulare o di telefonarle a casa dopo cena. 2. Ha telefonato Giulia e ha detto che voleva salutarti perché tra due giorni andrà a Torino. Quindi giovedì non verrà in palestra. Tornerà domenica sera. 3. Ha telefonato Fabio e ha chiesto quando vi vedete. Ha detto che, se una di queste sere esce presto dall'ufficio, passa a prenderti e andate a mangiare qualcosa. Vorrebbe provare il nuovo vegetariano di Via Rossetti. 4. Ha telefonato Marco: ha detto che era in ufficio e non trovava più il documento per il congresso di domani. Non sapeva dove fosse l'originale e sperava che tu non l'avessi portato via per sbaglio. Ha detto di chiamarlo appena puoi. Ha provato a cercarti anche sul cellulare, ma era spento. 5. Ha telefonato il signor Franzetti e ha detto che ha ricevuto i documenti che gli avevi chiesto. Devi ritirarli entro il 30 settembre in orario d'ufficio. 6. Ha telefonato Laura e ha detto che sperava che tu non fossi ancora uscita. Avrebbe voluto che vedessi le foto prima del congresso. Le dispiace che tu non le abbia ricevute perché le avrebbe fatto piacere avere un tuo parere.

b. Il 23 settembre... 1. Ha telefonato Lucia e ha detto che doveva parlarti, di chiamarla sul cellulare o di telefonarle a casa dopo cena. 2. Ha telefonato Giulia e ha detto che voleva salutarti perché due giorni dopo sarebbe andata a Torino. Quindi quel giovedì non sarebbe venuta in palestra. Ha detto che sarebbe tornata domenica sera. 3. Ha telefonato Fabio e ha chiesto quando vi vedevate. Ha detto che, se una di quelle sere fosse uscito presto dall'ufficio, sarebbe passato a prenderti e sareste andati a mangiare qualcosa. Avrebbe voluto provare il nuovo vegetariano di Via Rossetti. 4. Ha telefonato Marco: ha detto che era in ufficio e non trovava più il documento per il congresso del giorno dopo. Non sapeva dove fosse l'originale e sperava che tu non l'avessi portato via per sbaglio. Ha detto di chiamarlo appena potevi. Aveva provato a cercarti anche sul cellulare, ma era spento. 5. Ha telefonato il signor Franzetti e ha detto che aveva ricevuto i documenti che gli avevi chiesto. Avresti dovuto ritirarli entro il 30 settembre in orario d'ufficio. 6. Ha telefonato Laura e ha detto che sperava che tu non fossi ancora uscita. Avrebbe voluto che vedessi le foto prima del congresso. Le dispiaceva che tu non le avessi ricevute perché le avrebbe fatto piacere avere un tuo parere.

5. Rifletti sulla lingua
La soluzione è aperta.

Fonti e grammatiche di riferimento

FONTI

pag. 13, es. 2: adattato da *Pratica*, settembre 2002
pag. 16, es. 6: adattato da www.sapere.it
pag. 17, es 9: vignetta tratta da *La Settimana Enigmistica*, 17/02/01
pag. 29, es. 2: vignetta di Pat Carra, tratta da *Donna Moderna*
pag. 30, es. 4: adattato da Luciano De Crescenzo, *Sembra ieri*, Milano, Mondadori, 1997
pag. 31, es. 5: adattato da www.ispsiaberlinguer.it
pag. 34, es. 1: adattato da *Donna Moderna*, 11/09/2002
pag. 37, es. 4: adattato da *L'Eco di Bergamo*, 25/10/2002
pag. 38, es. 5: adattato dal *Corriere della Sera*; es. 6: adattato da *Io donna*, 21/09/2002
pag. 47, es. 4: adattato dal *Corriere della Sera*, 17/05/2001
pag. 48, es. 5: adattato da *Grazia*; es. 6: vignetta tratta da *La Settimana Enigmistica*, 17/05/2003
pag. 52, es. 5: adattato da Natalia Ginzburg, *La città e la casa*, Torino, Einaudi, 1984
pag. 55, es. 1 e 2: adattati da C. Collodi, *Le avventure di Pinocchio*, Firenze, Bemporad Marzocco, 1964
pag. 57, es. 6: vignetta tratta da *La Settimana Enigmistica*, 24/02/2001
pag. 60, l'esempio è tratto da Carlo Cassola, "Esiliati" in *La Casa di Via Valadier*, Milano, Rizzoli, 1956
pag. 60, es.1: adattato da Gianni Rodari, "Il re Mida" in *Favole al telefono*, Torino, Einaudi, 1962
pag. 62, es. 3: adattato da A. Tabucchi, "Cinema" in *Piccoli equivoci senza importanza*, Milano, Feltrinelli, 1988
pag. 63, es. 5: adattato da A tutta pasta, http://tripod.members.com/franco rossi/
pag. 64, es. 6: adattato da *Il mondo della musica*, Milano, Garzanti, 1956
pag. 65, es. 8: vignetta tratta da *La Settimana Enigmistica*, 03/02/2001
pag. 67, es. 1: adattato da un racconto di Annamaria Nagler, in www.altabadia.org
pag. 71, es. 3: adattato da www.tigulliovino.it/galateo; es. 4: adattato da *Elle Italia* a cura di Silvia Locatelli citato da http://viaggi.tiscali.it/galateo
pag. 86, es. 2: adattato da *Corriere della Sera*-Milano, 15/8/2002; es. 3 adattato da *Anna*, 5/8/2003
pag. 87, es. 4: adattato da *Gioia*, 22/5/2003
pag. 89, es. 6: adattato dalla lettera di un lettore al *Corriere della Sera*, 13/8/2002
pag. 94, es. 3: adattato da *Come solidarietà*, n. 76, 15/2/99; es. 4: adattato da P. Coelho, "Il mio diverso modo di viaggiare" in *Corriere della Sera*, 15/8/2002
pag. 97, es. 2: adattato da Simonetta Lupi Vada, *La pasta è in tavola*, Milano, Fabbri, 1990
pag. 99, es. 6: vignetta tratta da *La Settimana Enigmistica*, 5/4/2003
pag. 107, es. 1: G. Raboni, "Un gatto più un gatto", Milano, Mondadori, 1991; es. 2: adattato da *Anna*, 12/08/2003
pag. 108, es. 3: adattato da *Io donna*, 21/09/2002
pag. 109, es. 1: adattato da *Famiglia Cristiana*, 17/08/2003
pag. 111, es. 1: adattato da *Specchio*, 25/05/2003
pag. 113, es. 4: adattato da *Gioia*, 27/02/2001
pag. 114, es. 2: adattato da *La Stampa*, 23/08/2003
pag. 115, es. 3: adattato da *Oggi*, 16/07/2003
pag. 118, es. 2: adattato da *Pratica*, settembre 2002
pag. 121, es. 5: vignetta tratta da *La Settimana Enigmistica*
pag. 126, es. 3 e 4: adattati da *Epoca*
pag. 127, es. 5: adattato da Achille Campanile, *Manuale di conversazione*, Milano, Rizzoli, 1999
pag. 128, es. 6: adattato da Luigi De Luca, *Sogni sfocati*, Milano, Edizioni dell'Arco, 2003; es. 7: adattato da *Anna*, 10/09/2002
pag. 129, es. 8: adattato da Gianni Celati, *Narratori delle pianure*, Feltrinelli, 1985
pag. 132, es. 2: adattato da www.virgilio.it, 30/6/2003; *Corriere della Sera*, 27/04/2000; *Corriere della Sera*, 1/8/2003
pag. 134, es. 3: adattato da *Gioia*, 22/05/2003; es. 4: adattato dal dépliant pubblicitario *Milano mare*, 2003
pag. 136, es. 7: adattato dal *Corriere della Sera*
pag. 140, es. 2: adattato da *Metro*, 5/2/2004
pag. 142, es. 1: adattato da *Leggo* Milano, 16/7/2002
pag. 143, es. 3: adattato da *La Settimana Enigmistica*, 16/03/2002; 21/06/2003; 25/01/2003; 3/5/2003
pag. 146, es. 2: adattato da *Guida dello Studente*, Università degli Studi di Bergamo, 2003/2004
pag. 147, es. 2: adattato da *Grazia*, 18/03/2003
pag. 148, es. 3: adattato da *Grazia*, 17/12/2002
pag. 149, es. 4: adattato da *Grazia*, 18/02/03
pag. 151, es. 1: adattato da Andrea De Carlo, *Tecniche di seduzione*, Milano, Bompiani, 1998
pag. 152, es. 2: adattato dal *Corriere della Sera*, 6/5/2004
pag. 153, es. 3: adattato dal *Corriere della Sera*, 2/3/2004
pag. 158, es. 1: adattato da Andrea De Carlo, *Due di due*, Mondadori, 1989; es. 2: adattato da Tahar Ben Jelloun, *Il razzismo spiegato a mia figlia*, Milano, Bompiani, 1998
pag. 159, es. 3: adattato da *Il Venerdì* di Repubblica, 19/09/2003

GRAMMATICHE DI RIFERIMENTO

Ceppellini, Vincenzo, *Dizionario grammaticale*, Novara, De Agostini, 1990
Dardano, Maurizio; Trifone, Pietro, *Grammatica italiana con nozioni di linguistica*, Bologna, Zanichelli, 1989
Landoni, Elena, *Grammatica italiana: lavori in corso*, Milano, Mursia, 1999
Moretti, G.B.; Orvieto, G.R., *Grammatica italiana,* vol. I, Perugia, Benucci, 1984
Renzi, Lorenzo, (a cura di), *Grande grammatica italiana di consultazione*, vol. I, Bologna, Il Mulino, 1988
Renzi, Lorenzo; Salvi Giampaolo, (a cura di), *Grande grammatica italiana di consultazione*, vol. II, Bologna, Il Mulino, 1991
Sensini, Marcello, *La grammatica della lingua italiana*, Milano, Mondadori, 1997
Serianni, Luca, *Grammatica italiana*, Torino, Utet, 1989

NUOVA
GRAMMATICA PRATICA DELLA LINGUA ITALIANA

A1/B2

esercizi, test e giochi

Permette di esercitare la grammatica in modo completo ed efficace.

Presenta centinaia di esercizi, quiz, giochi, schede grammaticali chiare ed essenziali e degli utili test a punti che aiutano lo studente a verificare il livello di conoscenza della lingua.

Adatto a tutti gli studenti dal principiante all'avanzato.

Sono incluse le soluzioni.

LE PAROLE ITALIANE

A1/C1

Presenta una vasta gamma di esercizi e giochi per l'apprendimento, la memorizzazione e l'ampliamento del lessico.

Una prima sezione si occupa di studiare le parole dal punto di vista delle aree lessicali, concentrandosi anche su espressioni idiomatiche, modi di dire e cambiamento di significato dei vocaboli nei diversi contesti.
Una seconda sezione è dedicata alla "grammatica del lessico".

Per studenti di livello elementare, intermedio e avanzato.

Sono incluse le soluzioni.

NUOVO CANTA CHE TI PASSA

A1/C1

imparare l'italiano con le canzoni

È la versione rinnovata di ***Canta che ti passa***, corso di lingua italiana attraverso le canzoni, conosciuto e utilizzato da migliaia di insegnanti e studenti in tutto il mondo.

Questa versione totalmente nuova propone:

- 14 nuove unità basate su 14 nuove canzoni
- sezione extra con progetti e consigli su come lavorare sulla musica e le canzoni
- percorsi sull'uso della musica in classe
- miniguida per l'insegnante
- un CD audio con le cover delle 14 canzoni e le musiche extra.

Per ogni canzone viene proposta un'unità didattica completa con un'ampia gamma di attività per la classe, giochi, grammatica ed esercizi.

Sono incluse le soluzioni.

A1/B1

B1/C1

PIAZZA ITALIA

agili percorsi per rivisitare la lingua e la civiltà d'Italia

Due volumi ricchi di testi autentici tratti da giornali, riviste, siti web, blog relativi alla vita, alla società, alla mentalità e alle abitudini italiane.
I testi sono organizzati in unità didattiche di difficoltà progressiva con attività per la classe e numerosi esercizi di revisione che mirano a sviluppare la capacità di leggere, parlare e scrivere in italiano.